南少林武术精选

华驮拳

释空性 主编

人民体育出版社

图书在版编目（CIP）数据

韦驮拳 / 释空性主编 . -- 北京 : 人民体育出版社，
2024

ISBN 978-7-5009-6434-6

Ⅰ . ①韦… Ⅱ . ①释… Ⅲ . ①少林拳－基本知识
Ⅳ . ① G852.15

中国国家版本馆 CIP 数据核字 (2024) 第 041025 号

*

人民体育出版社出版发行
北京中科印刷有限公司印刷
新　华　书　店　经　销

*

710×1000　16 开　17.25 印张　230 千字
2024 年 6 月第 1 版　　2024 年 6 月第 1 次印刷
印数：1—4,000 册

*

ISBN 978-7-5009-6434-6
定价：80.00 元

社址：北京市东城区体育馆路 8 号（天坛公园东门）
电话：67151482（发行部）　　邮编：100061
传真：67151483　　邮购：67118491
网址：www.psphpress.com
（购买本社图书，如遇有缺损页可与邮购部联系）

序一

少林武术是中华民族宝贵的非物质文化遗产，它的产生和发展是佛教中国化的产物，也是世界宗教史上的奇观。

佛教自公元67年传入中国以来，与中华传统文化相互融摄，择善而从，在汉地形成了具有中国特色的八大佛教宗派，其中尤以禅宗最为普及，其亦成为孕育少林武术的沃土。生于华夏大地、长于禅宗门庭的少林功夫在与中国传统文化交汇融合、交相辉映的过程中，已逐渐成为中华文化中个性鲜明、独具特色的重要组成部分。

莆田南少林寺作为昔日的武林圣地，曾因“南拳北腿”与河南嵩山少林寺遥相呼应，世称“南北少林”。曾有诗云：“龙盘虎踞九莲山，习武修禅铲恶顽。义胆侠肝医庶疾，茗茶待客暖人间。”历史上的少林武僧们曾是除暴安良、匡扶正义的豪侠义士；亦是救死扶伤、悬壶济世的仁心医者；更是抗倭卫国、安邦济世的爱国僧兵。尽管时代交错更替，少林禅者始终一以贯之地用实际行动展现着大乘佛法的慈悲济世精神和以武载道的东方智慧。

清康熙年间，南少林寺虽毁于战火，但独具特色的南拳技法和禅拳一如的禅武文化并未断绝，而是被散落于山林、市井的僧人带到了闽、粤、浙、赣等地，并与当地的山川地貌、人文风俗相结合，形成了南拳拳系博采众长、兼容并包的格局。

三百年后的今天，作为南拳祖庭、南派武术的发源地，南少林寺自当责无旁贷地为光大南派武术、振奋民族精神，保护、弘扬和发展中华民族优秀传统文化作出积极贡献。在这一愿景和使命的鼓舞下，南少林寺自 2006 年恢复为宗教活动场所以来，便将弘扬禅武文化、恢复禅武传统、建设武术队伍作为寺院的核心工作之一。一方面，组建禅武团、武术促进会等武术交流平台，促进各方联谊；另一方面，通过举办禅修营、武术文化节、武术公演等活动，主动向海内外各界人士展示少林南拳的武韵禅风。经过十余年的努力，南少林禅武文化的知名度逐渐打响，并成为莆田别具一格的"城市名片"，以及与世界文化交流的重要平台与桥梁纽带。

在南少林武术被越来越多的人了解和认可的同时，南拳传承和发展的危机亦不容忽视，相比于现代竞技体育、外来格斗术而言，南派拳种的习武之人本就寥若晨星，加之随着老一辈南拳传人的相继离世，如何保住传统南派武术的"形"与"神"，并找到根植和传播南拳的土壤，这些问题既让每个关心南拳武术的人担心忧虑，也成为萦绕在每个南少林人心头的思量忖度，更是促成了这套丛书编纂的直接因缘。

为深度挖掘、传承与弘扬南拳武术，同时也为保护莆田本土拳种，展现莆田"武术之乡"的精神风貌，南少林寺此次牵头组建课题组，希望通过挖掘和整理莆田地区的传统南拳，以编纂系统的南拳拳谱和器械名录。为此，课题组历时两年，展开了全面搜集整理相关资料的工作，不仅遍访民间南派拳师、查阅古书典籍，还用影像、文字记录了散落在各地的拳种、器械，并以数据库的形式对记录成果加以保存。另外，将对已整理出的拳种申报非物质文化遗产，以补缺项。其中韦驮拳、食鹤拳以流传范围广、传承谱系明晰等特点率先被系统、详细地进行梳理并编辑成书。

在此我谨代表南少林寺向课题组每一位专家学者、武术传人、参与收集撰写的工作人员，以及所有关心南少林寺的前辈和同仁们表示由衷的感恩和挚诚的赞叹！

释空性

序二

自20世纪80年代南少林遗址挖掘引起有关部门的重视，福建莆田、泉州、福清相继组织了科考队，开展发掘南少林寺活动，一时间把南少林武术文化推向了高潮。历史上的南少林寺扑朔迷离，相关史料匮乏，难以精确考证。各地政府的努力为弘扬南少林文化打开了一扇大门，无论历史真实如何，但具有广泛群众基础的南少林传统武术却是真实存在，已经成为我国东南沿海和东南亚一带的文化现象。因此，发掘和弘扬南少林武术文化对提升中华民族的正气、提高中华文化认同感具有重要意义。

武术门派是传统武术及相关文化的重要载体，也是记录传统武术历史的载体。打开“南少林武术精选”，当我拜读了韦驮拳的前言部分，似乎在翻阅莆田南少林近代的武术史，深切地感受到了莆田先辈们顽强的遗风，领略到了他们追求强身健体、保家卫国的朴素愿望。当我翻阅到“三战”拳时，能感受到“硬桥硬马”南派功夫的威猛，感受到务实的莆田文化特质；当我翻阅到“扁担拳”套路时，似乎能看到先辈们勤练不辍的身影，感受到先辈们为了生存和社会恶势力搏杀的场景；当我翻阅到“特色技法”部分时，又似乎能窥视到地方传统武术的博大精深，感受到“一方水土养一方人”的丰富的人文内涵。

保护好传统文化既是保存地方文脉，又是捍卫国家文化安全的有效手段。莆田南少林文化是莆田人的骄傲，更是福建人民、全国人民的骄傲，保护好南少林传统武术文化是我们武术工作者的责任和神圣使命。现在有些地方在挖掘和保护传统武术工作中出现了一些问题，根源就在于只顾眼前的一些经济利益和地方保护主义，没有经过严谨的科学论证，牵强附会，随意篡改历史，出版了一些粗制滥造的出版物，搬来现代体育元素，毁掉传统拳术招式的特色，使得传统拳术逐渐失去了个性。在传统拳术的挖掘时，应注意保留传统武术的特质，保护好传统拳术有利于保存地方传统风貌和个性。

这次由莆田南少林寺牵头、组织高校和传武文化学者编写的“南少林武术精选”，参照 1982 年原国家体委提出“源流有序、拳理明晰、风格独特、自成体系”拳种认定的基本标准，论证科学合理、体例规范、文字精炼、原汁原味地保留莆田地方拳术特点，图片处理专业，具有很高的传承价值和收藏价值。

“南少林武术精选”介绍了南派许多濒临失传的拳术门派，让现代人了解传统拳术的魅力，相信读者会从中受益的。

是为序！

原国家武协主席　张耀庭

2022 年 3 月 2 日于北京

序三

欣闻由莆田南少林寺审定的“南少林武术精选”即将出版，余甚为欢喜赞叹！对武术图书而言，是一件盛事；对南少林寺来说，在其发展史上亦是一件大事。

20 世纪 80 年代，随着电影《少林寺》的播映，中华大地掀起了习武热潮。无论年老还是年少，都为武而动，促进了武术的蓬勃发展。但随着时代变迁，武术昔日风光不再。习武之人越来越少，许多武术种类面临着失传的局面，许多传统武术的老拳师年事已高，却未有合适的传承人，这不得不令人担忧。南少林寺作为武术界的“执牛耳者”也未能幸免。近年来，南少林寺为加强对南少林武术文化遗产的保护不遗余力，对南拳拳种的传承、挖掘、收集、整理进行了一系列工作。“南少林武术精选”的出版正是南少林寺保护、传承南拳的辛勤结晶。

本书根据 1982 年原国家体委提出的“源流有序、拳理明晰、风格独特、自成体系”认定拳种的基本标准，对少林南拳进行挖掘和整理，终于编篡成册。

本书内容丰富、详实，武术理论完整、系统。同时，文字表达上力求通俗易懂，但不失韵味，精选插图，希望通过图文并茂的形式，给读者带来的不仅是视觉享受，获得南少林武术的一些具体知识，而且能深入文化深层，感受南少林武术的蓬勃生命力！

2020 年 1 月 8 日，武术被列入第 4 届青年奥林匹克运动会正式比赛项目。这昭示了武术在国际上的影响力非同一般，也警醒吾辈应为武术作出更大贡献。余寄望更多青年人加入习武行列，传承南拳。少年强，则国强。

巨著付梓刊印在即，嘱余作序，余心深感惶恐，却又盛情难却，老骥伏枥，志在千里。聊以数语，赘以为序，敬请方家，不吝指正。

中国武术九段
国家级段位考评员
福建师范大学教授　胡金焕
2022年春节于福州

前言

少林武术，上流声议，遐迩所闻；溯其历史源远流长，穷其内容体系完整、博大精深。

早在唐朝贞观年间，为平定闽中一带的土匪、海盗，唐太宗李世民降旨，派时任少林寺方丈的昙宗和尚遣原十三棍僧之中的道广、僧满、僧丰3人，带领500僧兵赴闽进行剿匪灭盗。匪患平定后，当地百姓有感于500武僧的慈威，盛情挽留其驻守莆田以防不测，于是在唐皇的授意下，道广法师根据昙宗方丈的偈语，寻找到一座酷似河南嵩山少林寺的地方——“林泉院”，定居于此护国弘教。

因昙宗方丈的偈语中称“南北少林同一寺，大乘禅在心中留”，所以这座弘扬禅武双修的南方少林寺，又被世人称作“南少林寺”。此后，南少林寺成为东南沿海武术活动的重要中心，以及南派武术的发源地，常住僧兵500余人，并以“南拳”见长，与嵩山少林寺之“北腿”南北应和、交相辉映，共同谱写着南北少林忠义神勇、除暴安良的侠风义骨和济民渡众、心存天下的爱国情怀。

清朝初年，南少林寺毁于战火，僧人漂泊世间，并将其所习南拳授与民间传人，逐渐形成60余种南少林系列拳种，此后，南拳武术及禅拳同归的文化便在闽、粤、浙等地薪火相传。

至20世纪80年代，隐匿了三百余年的南少林寺在一次全国文物普查中被考古学发现，经众多专家学者考证确认后，在党和政府的支持下，南少林寺得以重建，并于2006年正式恢复成为宗教活动场所。

新时代、新征程。南少林寺重新开放以后，便立即投入到挖掘与保护禅武文化、传承与发展南派武术的工作中。通过组建武术队伍、举办武术文化节、禅武夏令营、禅文化体验营等，主动走出去、请进来，以武会友、相互切磋，促进了武术各门派间的交流和发展，培养了一批批优秀的南拳武术人才，并让南拳文化逐渐成为与世界文化交流的重要平台与桥梁纽带。

2017 年，为更好地传承与弘扬南拳武术文化，南少林寺发起、成立了福建省南少林武术促进会（以下简称促进会），旨在完善南拳交流平台，为海内外武术界人士搭建一个交流互鉴的平台，对散落在民间的南拳文化进行抢救挖掘及整理。促进会成立以来栉风沐雨、不遗余力，发心探寻散落在民间的南少林派系拳师、拳种，经数年不懈努力，终不负众望，各路南拳传人、武林精英相继认祖归宗，将拳术回传南少林寺，南拳祖庭已初步重现辉煌。

同时，为整体性抢救和保护南拳武术的原生态存在和传承，避免在自然传承过程中产生的技艺性信息递减等现象，促进会特别邀请相关武术传承人、专家学者等组建课题组，有条不紊地推进“南少林传统武术”研究工作。课题组以挖掘和整理莆田传统南拳为起点，聚焦完整的南拳武术门派，对确系南少林武术进行抢救性挖掘和整理，将传承明确、体系完整的拳种编纂成册正式出版。一方面为南拳武术爱好者提供一套技法完备、图文并茂的拳谱；另一方面作为莆田本土拳种的记录，为莆田武术界略尽绵薄之力。

生于华夏大地、长于禅宗祖庭的少林武术汲取儒、释、道三家之精粹，与禅、医、茶融汇发展，并与中国传统的社会伦理、军事思想、文学艺术等相辅相成、交相辉映，成为了辉煌灿烂的中华文化中的一部分。在中华民族伟大复兴的关键历史时期，传播南少林武术文化、发扬南少林武术精神对于增强中华民族文化自觉和文化自信、建设社会主义文化强国具有不可忽视的重要意义。南少林寺将始终以继承与发展南少林禅武文化为初心和使命，立足中国，放眼全球。愿与社会各界同仁共同踔厉奋发、笃行不怠，为传承南少林武术、传播中华文化贡献力量！

目录

一 源流

莆田位于福建沿海中部，史称“兴化府”，自唐开科举以来，进士、状元辈出，故有“文献名邦、海滨邹鲁”之美誉。兴化子民既崇文又尚武，曾在北宋年间以一方文武双魁轰动京城，令宋神宗不禁赋诗道：“一方文武魁天下，四海英雄入彀中。”一语道出莆田深厚的文化底蕴和隆盛的习武之风。

莆田南少林寺始建于唐初，以其独特的少林功夫和禅武僧兵成为南派武术的发祥地和一支独具地域文化特色的文化流派。清朝初期，南少林寺被战火焚毁，僧人隐入民间并将其所习武术传授给俗家弟子，这些蕴含禅机的拳术和莆田本土拳术经过碰撞交汇，在民间形成了多个形异神同的武术流派。

经南少林寺组建的“福建省南少林武术促进会”多年挖掘、整理，数个隐于民间、濒于湮灭的拳派得以重振旗鼓，再现威光。其中，韦驮拳以其动作典雅古朴、实战价值高，在莆田流行最为广泛，至今民间仍有很多拳师勤练不辍。因老一代拳师多数不识字，很多拳术流派停留在口传心授层次，很难找到可考据的图文材料。据许多老拳师回忆韦驮拳的传承渊源时，最多也只能向上追溯到前二至三代，且均与出家人有关。

下面简述韦驮拳的两个不同流派，在莆田传承均有百年以上的历史。

（一）拳派源流一

相传，清末年间有个流落民间的南少林高僧被莆田市城厢区东海镇东沙村蔡灼哥（经考证，蔡色哥实名为蔡灼哥，因莆田话“色”与“灼”同音，《莆田县志》记载系同音不同字）家人收留，和尚观灼哥年纪虽小但手脚勤快憨厚老实，又感其家人收留之恩，故将韦驮门拳术悉数传授于他。蔡灼哥勤学苦练尽得南少林武术秘技，武功卓著，大名鼎鼎，在莆田东南沿海一带家喻户晓。

20 世纪初，莆田市荔城区新度镇锦墩村陈金森（1880—1942）拜于蔡灼哥门下，学得一身南少林武艺，因陈金森中年时突患眼疾，视力极差，人们又叫他“瞎子森”。20 世纪 20 年代，陈金森被聘为莆田国术馆国术教练。1928 年，陈金森辞去教练之职，在莆田城里的“凤山宫”内开馆授徒，陈金森教拳十分认真且方法独特，每教弟子一招后，他认为合格了才再教下一招，所以他的弟子多数学有所成，成为莆田武术界的武术大家。莆仙戏中的许多武术对打套路，也多采用陈金森所传的韦驮门拳术对练套路，深受民众喜爱。

蔡灼哥的韦驮门拳术有完整的武术体系，既有拳术、长短器械套路，也有练功方法、口口相传的武术理论；还有明晰的师承脉络。据 1959 年春县志中的体育部武术项目中记载：“东沙乡蔡色哥，其法刚不像刚柔不像柔，花样甚多，其系韦朗拳（莆田方言“朗”同“驮”），由外方学来，其套路有一路四门等，我莆仙戏曲舞台上对打套路多其遗法，一般人多喜习之。”（图 1-1~ 图 1-8）百年来该流派在莆田大地流传较广，成为莆田南少林传统武术的一支重要的流派。

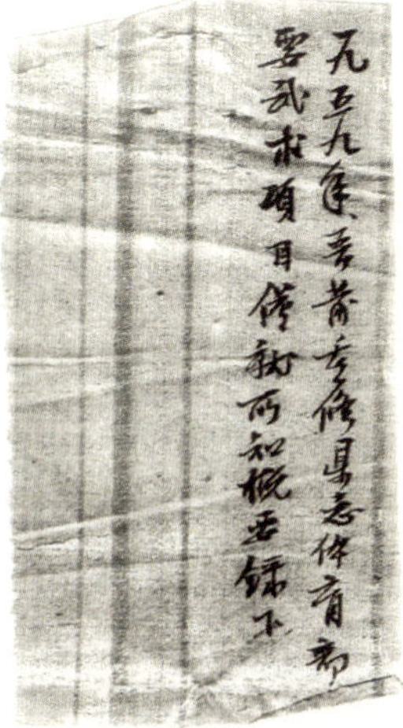

▲图 1-1

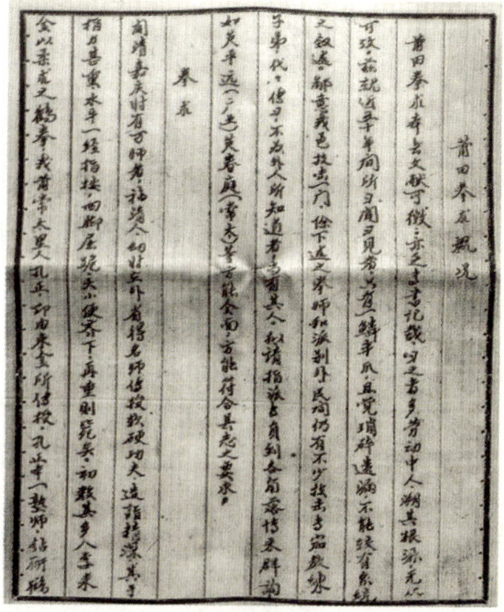

莆田拳术概况

▲图 1-2

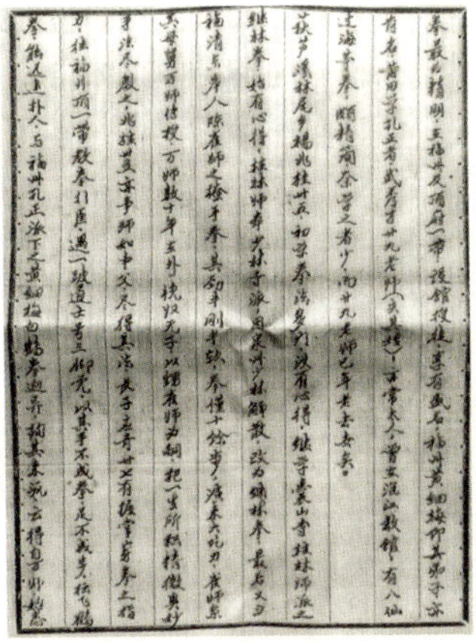

▲ 图1-3

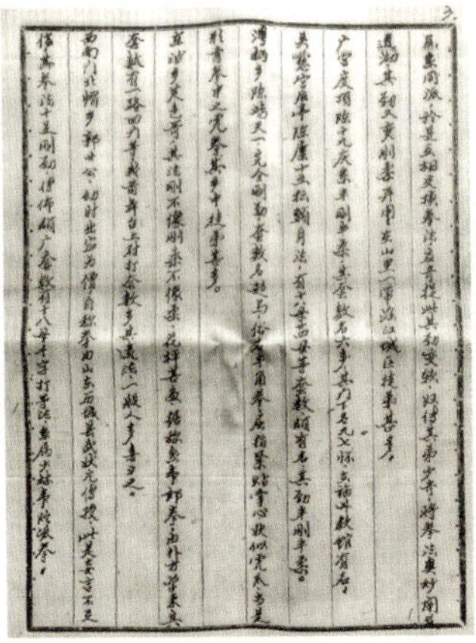

▲ 图1-4

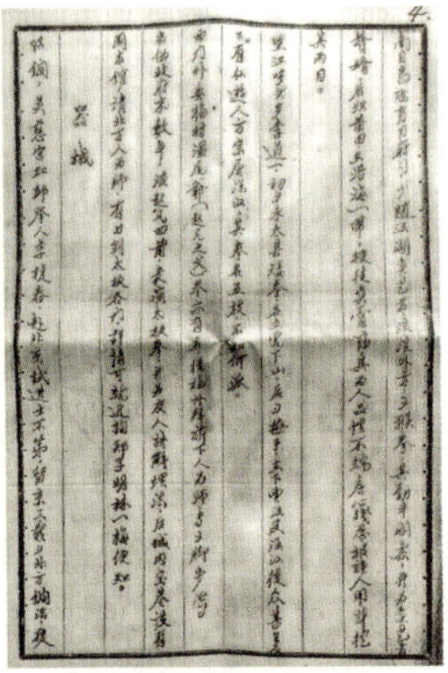

▲ 图1-5

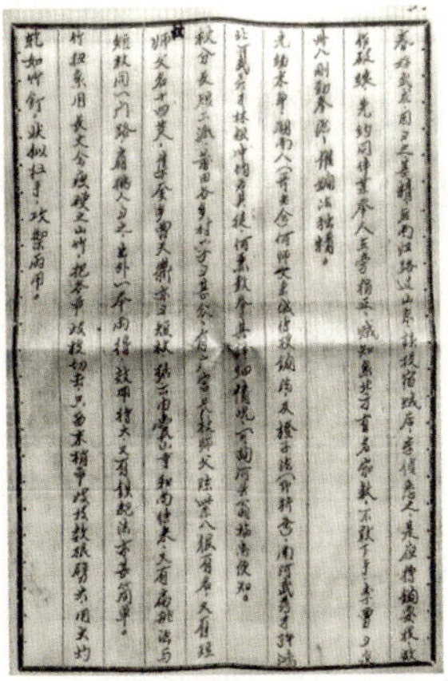

▲ 图1-6

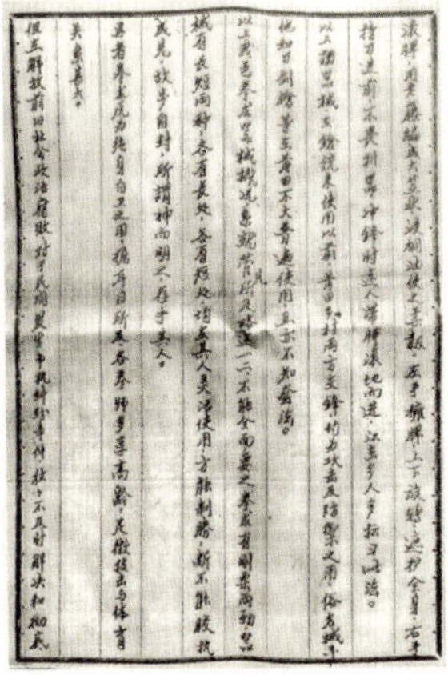

▲ 图1-7

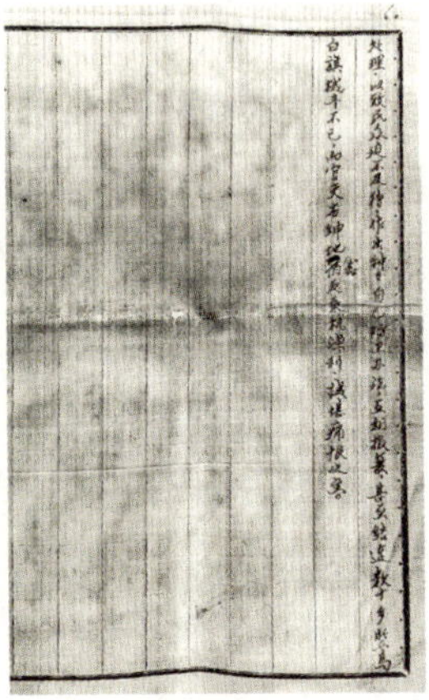

▲ 图1-8

韦驮拳代表性人物传承谱系（一）

代别	姓名	性别	籍贯	生卒年	文化程度	职业	学艺时间
第一代	游僧	男	不详	不详	不详	出家人	不详
第二代	蔡灼哥	男	莆田	不详	不详	农民	不详
第三代	陈金森	男	莆田	1880—	不详	拳师	不详

续表

代别	姓名	性别	籍贯	生卒年	文化程度	职业	学艺时间
第四代	黄光兰	男	莆田	1910—1977	不详		不详
	林壁	男	莆田	1910—1994	不详		不详
	林明	男	莆田	1910—1980	不详		不详
	陈树	男	莆田	不详	不详		不详
	燕四	男	莆田	不详	不详		不详
第五代	林岳军	男	莆田	1948—	高中		1965 年
	林建军	男	莆田	1950—	高中		1968 年
	林仁军	男	莆田	1952—	高中		1970 年
	何文水	男	莆田	1954—	高中		1971 年
	方俊鹏	男	莆田	1955—	高中		1972 年
	林宜俊	男	莆田	1955—	高中		1971 年
	林宜勇	男	莆田	1961—2010	高中		1975 年
	陈瑞坤	男	莆田	1952—	高中		1973 年
	郑瑞凿	男	莆田	1958—	大专	小学教师	1980 年
第六代	林元珍	男	莆田	1955—2016	高中		1975 年
	吴炳回	男	莆田	1959—	高中		1974 年
	李良彪	男	莆田	1962—	中专	医生	1990 年
第七代	陈志荣	男	莆田	1963—	大专	中学教师	1989 年

续表

代别	姓名	性别	籍贯	生卒年	文化程度	职业	学艺时间
第七代	黄建桥	男	莆田	1957—	大专	中学教师	1988 年
	林志成	男	莆田	1975—	大专		1992 年

① 当时陈金森弟子众多，其名下名声较大的弟子有黄光兰（1910—1977）、林壁(1910—1994)、林明（别号矮鼓明 1910—1980）、陈树（生卒年不详）、燕四（生卒年不详）。

② 黄光兰传方俊鹏、何文水、林宜俊、林宜勇和陈瑞坤。

③ 林明（外号矮鼓明）传林岳军、林建军和林仁军，人称“后塘三军”。

④ 林壁传郑瑞凿。

⑤ 方俊鹏传吴炳回。

⑥ 何文水传林元珍。

⑦ 林宜勇传李良彪。

⑧ 林元珍传陈志荣、林志成。

主要拳械套路：

1. 徒手套路

一路、单乩、双乩、五乩、犀牛、四门、老鹰披翅。

2. 器械套路

单刀、双锏、板凳术、四门扁担、八卦扁担。

注：2013 年 4 月，“韦驮门”流派的“老鹰披翅”拳术套路被莆田市列入市级非物质文化遗产名录。

（二）拳派源流二

莆田韦驮门还有另一分支，流传在华亭和仙游度尾一带。该分支可追溯的代表性拳师是莆田华亭前柳村人陈国俊（1900—1977），据陈国俊生前讲述，他在年轻时当脚夫，经常行走于莆田和永春一带，后机缘巧合学拳于仙游度尾与永春乌洋交接处的深山中的一个小寺庙，师从于一老僧（名字和生卒年不详），自称是南少林被焚毁后出逃的和尚。老僧不肯告诉外人其姓名和法号，又不想把全身武艺湮灭于深山老林中，观陈国俊为人老实，筋骨灵活，才把武艺传授给他。陈国俊住在破庙里学武 3 年，艺成回了家乡。为了谋生，他在各地以修锁、补锅等为生，同时也利用闲暇授拳传艺。

后陈国俊转到华亭濑溪一带，租住在王金海家店面，边做手艺边授徒，早期教授的徒弟有林振川、吴文金二人。大约在 1970 年，王金海 12 岁时，其父以不再收取店租为拜师礼，让王金海拜陈国俊为师习练武术。同时期学艺的还有李阿钦、李银杏、林国荣等，其中以王金海学艺时间最长，得到了陈国俊的真传，学艺也最为精通。

1983 年后，中华大地因电影《少林寺》的播放掀起了一股武术热，1983—1989 年，王金海、施国镇两位师傅顺应时代发展，先后在华亭、仙游、德化、永春、建阳、徐州等地设馆授徒，教授大批徒弟，特别是在华亭、仙游、永春一带久享盛誉，韦驮拳才得以在民间发扬光大。

韦驮拳在华亭、仙游一带的传承，主要代表性人物情况如下表：

韦驮拳代表性人物传承谱系（二）

代别	姓名	生卒年	文化程度	籍贯	职业
第一代	老僧	不详	不详	不详	出家人
第二代	陈国俊	1900—1977	小学	华亭前柳	手工业者
第三代	林振川	1930—2015	中学	华亭下皋	医生
	吴文金	1945—	初中	华亭濑溪	农民
	王金海	1958—	高中	华亭濑溪	自由职业者

续表

代别	姓名	生卒年	文化程度	籍贯	职业
第三代	李阿钦	1957—2018	初中	华亭后枫	农民
	李银杏	1956—	初中	华亭后枫	农民
	林国荣	1950—	初中	华亭后枫	农民
第四代	施国镇	1959—	高中	华亭顶宅	自由职业者
	李炳元	1957—2019	中专	华亭后枫	小学教师
	卓德全	1963—	初中	华亭柳园	农民
	卓德泉	1965—	初中	华亭柳园	农民
	杨加顺	1963—	高中	仙游度尾云水	自由职业者
	黄金平	1963—	初中	仙游度尾帽山	自由职业者
	李庆斌	1965—	高中	仙游盖尾石马	自由职业者
	黄庆袍	1956—	初中	仙游度尾帽山	农民
第五代	林鸿永	1967—	初中	仙游度尾云水	自由职业者
	林鸿恩	1963—	初中	仙游度尾云水	自由职业者
	林春利	1962—	高中	仙游度尾中岳溪	农民
	朱朝新	1975—	初中	华亭顶宅	自由职业者
	黄家聪	1964—	高中	华亭顶宅	自由职业者

①王金海：20 世纪 80 年代在莆田武术界较为活跃，自己勤练不辍，拳术最为精通，在华亭、仙游、德化、永春、浙江等多地传艺，所教弟子较多，曾与

多名拳师切磋，均因技高一筹令对方信服，在华亭和仙游一带具有较高的声望。

②施国镇：同时期，在其师傅王金海的影响下，在仙游、忠门、永春一带教学。他与时俱进，吸收和结合了一些现代技击技术，提高了实战技击水平。

主要拳械套路：

1. 徒手套路

三战、一路、二路、三路、十八步、二十四步、捆身、六步挑、扣撩等。

2. 器械套路

扁担拳 2 套、锄头拳、齐眉棍、单刀。

二 拳法要求

（一）主要技法

1. 手型

拳、掌、指、钩、爪。

2. 拳法

冲拳、劈拳、扫拳、凤眼拳、姜母拳。

3. 掌法

插掌、砍掌、切掌、撩掌、拨掌。

4. 指法

一指禅、双龙戏珠、鹤嘴手等。

5. 肘法

横扫肘、前顶肘、挑肘、盖肘。

6. 桥法

沉桥、圈桥、架桥。

7. 步型

讲求落地生根，主要步型有弓步、马步、三角马、半马步、虚步、双弓步、丁步、独立步、横裆步。以双弓马为主（俗称三七马）。

8. 步法

上步、退步、拖步、盖步、三角步、缠绕步。

9. 腿法

动作较少，起腿不过胸，以弹踢、蹬腿、铲踢、后撩腿、勾缠脚、摊拨脚、顶膝、横撞膝为主。

10. 身法

讲究头正身直，含胸拔背，沉肩坠肘，敛臀裹膝。

（二）演练要求

韦驮拳练习时要求内外三合，内三合为“精、气、神”，外三合为“手、眼、身”，内练“精、气、神”，外练“手、眼、身”，内外相合才可练拳制敌。拳法讲究以静待动，以柔克刚，借力打力，柔化刚发，以手臂粘住对手，来留去送，破坏对手的平衡，使对手无力反击。攻中有防，防中有攻，连消带打，攻防合一。出手长短技，侧身三角马迎敌，步法灵活，一交手即闪步交换三角马，或攻或守，避实击虚，指上打下，远则拳打脚踢，近则肘击膝顶带肩靠。有“身技马齐进，神仙也难救”之说。

扁担法讲究首尾呼应，连环击打，上劈下挑，下挑上劈，左扫右扫，左戳右戳，左右闪步缠械，一格必削对方握械前手。

1. 身法

韦驮拳首重身法姿势，要求头正，收紧下颌，含胸拔背，沉肩坠肘，脚为四平丁八步，脚趾抓地，落地生根。手掌大拇指内扣，食指及余指皆自然伸直。

2. 神态

外形讲究“狮嘴麒麟眼”“吞蝉（咽喉）吊肚”，头根起、眼睛浮、牙要束、耳边龙虎根要起，呈现“狮嘴麒麟眼”“粪门口吊起（提肛）”。

3. 发力

注意发“三节力”，练拳要明三节，即腿、腰、手。发直力前肌肉放松，发力时，以意催气，以气催劲，蹬腿扭腰顺肩，以两足为根，力由根起，劲力节节贯穿，力达手掌，接近目标时加速，手臂像鞭子一样打出去，叫作力有“贯尾”，也叫作“寸劲”。发横力时，要如狗出浴，摇抖全身，甩出毛发上的水珠，力达毛发梢节的弹抖劲，叫作“鬃劲”。

4. 化力

以技手对练为主要练功方法，训练手臂的听劲灵敏度，两手如藤绳，运用阴阳五行之法度，以柔克刚，承势借力，以一羽之微，化千斤之重。以静待动，后发制人，讲究力的化解。彼以直力来，我以横力破之；彼以横力来，我以直力破之；彼以杀力来，我以击力破之；彼以猛力来，我以骏力破之。

5. 呼吸

注重气息调节，演练过程讲究气沉丹田，气息的吞吐与动作的开合相适应，合吸开呼，急吸急呼。同时，在演练时经常发声，既起到了以声催力的作用，又有利于快速地进行气息调节。

6. 击打部位

根据气血十二时流注规律，以掌、拳、食指、中指或五指并拢点击穴位，或伤、残，或致命。

三 特色技法

该拳派以形为拳，虽外表看起来刚猛有力，实则刚中寓柔，不以力争，而以巧胜。演练时以声助气，以气催力，落地生根，节节发劲，气势连贯。刚柔结合，以静克动，守则以柔克刚，攻则势如破竹，连环进击。吞吐浮沉，避实击虚，贴身短打。彼不动，我不动；彼微动，我先动，我动在意先。讲求心神合一，交手则要求“一胆、二力、三拳头”。

（一）乱手

1. 平面乱

（1）捧乱

甲（着灰色衣服者）乙（着橙色衣服者）两人双弓步站立，右掌心斜向左，手腕相靠，左掌护于右肘内侧，目视对方。（图 3–1）

▲图 3-1

（2）甲前推、乙后收

甲方重心略前移，略左转体成右弓步；同时，右手翻掌向前推乙方胸部。乙方粘住甲方手腕，重心略后移，向后屈臂收回。（图 3–2）

▲ 图 3–2

（3）甲粘、乙右拨

甲方粘住乙方手腕；乙方略右转身，右手腕向身体右侧外拨甲方手腕，翻掌向前。（图 3–3）

▲ 图 3–3

（4）甲后收、乙前推

乙方重心略前移，略左转体成右弓步；同时，右手翻掌向前推甲方胸部。甲方粘住乙方手腕，重心略后移，向后屈臂收回。（图 3–4）

▲ 图 3–4

（5）甲右拨、乙粘

乙方粘住甲手腕；甲方略右转身，右手腕向身体右侧外拨乙手腕，翻掌向前。（图 3-5）

▲ 图 3-5

（6）甲前推、乙后收

甲方重心略前移，略左转体成右弓步；同时，右手翻掌向前推乙方胸部。乙方粘住甲手腕，重心略后移，向后屈臂收回。（图 3-6）

▲ 图 3-6

如此往复循环运动，如磨豆腐的磨盘那样转动，故民间又称“磨乩”。通过长期的“磨乩”练习，可以提高对力的感知能力，提高平衡能力，久练能在实战中见力卸力，借力打力，四两拨千斤。

2. 四门乱

（1）捧乱

甲（着灰色衣服者）乙（着橙色衣服者）两人双弓步站立，右掌心向左，手腕相靠，左掌护于右肘内侧，目视对方。（图 3-7）

▲ 图 3-7

（2）甲前推、乙卸

甲方重心略前移，略左转身成右弓步；同时，右手翻掌心向前、向下推乙方左腹。乙方右手腕粘住甲方手腕，重心略后移，顺势向下、向左引带；同时，翻掌心向上。（图 3-8）

▲ 图 3-8

（3）甲粘、乙上托

甲方粘住乙方手腕；乙方向上托起甲方手腕至前额左侧。（图 3-9）

▲ 图 3-9

（4）甲粘、乙右拨

甲方粘住乙方手腕。乙方右转身；同时，右手向右拨甲方右手腕至前额右侧，翻掌心向左。（图 3-10）

▲ 图3-10

（5）甲粘、乙下压

甲方粘住乙方手腕；乙方重心略沉，右手向下压甲方右手至大腿上方。（图 3-11）

▲ 图3-11

（6）甲粘、乙后勾

甲方粘住乙方手腕；乙方右手以小指一侧向后、向下勾带甲方手腕。（图 3-12）

▲ 图3-12

（7）乙前推、甲卸

乙方重心略前移成右弓步；同时，右手翻掌心向前、向下推甲方左腹。甲方右手腕粘住乙方手腕，重心略后移，顺势向下、向左引带；同时，翻掌心向上。（图 3–13）

▲ 图3-13

（8）乙粘、甲上托

乙方粘住甲方手腕；甲方向上托起乙方手腕至前额左侧。（图 3–14）

▲ 图3-14

（9）乙粘、甲右拨

乙方粘住甲方手腕。甲方右转身；同时，右手向右拨乙方右手腕至前额右侧，翻掌心斜向下。（图 3–15）

▲ 图3-15

（10）乙粘、甲下压

乙方粘住甲方手腕；甲方重心略沉，右手向下压乙方右手至大腿上方。（图 3–16）

▲ 图3-16

（11）乙粘、甲后勾

乙方粘住甲方手腕；甲方右手以小指一侧向右、向后、向下勾带乙方手腕。（图 3–17）

▲ 图3-17

（12）甲前推、乙卸

甲方重心略前移，略右转身成右弓步；同时，右手翻掌心向前、向下推乙方左腹。乙方右手腕粘住甲方手腕，重心略后移，顺势向下、向左引带；同时，翻掌心向上。（图3–18）

▲ 图3-18

如此往复循环运动，四面八方运劲，故称“四门乩”，旨在训练手上的听劲功夫和掌握平衡能力。

（二）持手

“持手”为莆田南少林武术“韦驮拳”门派比较突出的技法特点，其用法是当对方用右拳、掌或指直线进攻我时，我前手（右手）阳掌（掌心向上）半屈出乩以天骨（桡骨）末端近手腕处向右轻格对方之手前臂，副手（左手）阳掌置于前手肘弯处，然后前手迅速翻掌为阴掌，并用拇指、无名指和小指叼住对方手臂，万一没叼住滑脱也可抓紧对方袖子，稍加力往我的斜后方牵引，使对方失去重心前扑。

若对方反应灵敏要及时撤回，我则立即进马贴身，右手顺其撤退之势在其退力之上加上我向前的推力向前猛推，对方必仰身后倒。

正所谓“身技马齐进，神仙也难救”。“持手”关键在于搭手后沾粘时不可用大力、僵力，应用柔和、有弹性的力粘住，否则不易判断对方力的方向，当感觉对方重心已失时，可用大力拉或推。“持手”技术高明者能让对手找不到重心，无法平衡站立。“持手”技术要通过两人长期“磨乩”练习，从而获得搭手听劲的能力，这也是莆田南少林拳特有的训练方法。

（1）捧乩

甲（着灰色衣服者）乙（着橙色衣服者）两人双弓步站立，右掌心向左，手腕相靠，左掌护于右肘内侧，目视对方。（图 3-19）

▲ 图3-19

（2）后引持手

甲方重心略前移成右弓步；同时，右手翻掌心向前推乙方胸部。乙方用右手拇指和小指粘住甲方手腕，身体右转，顺势向右斜后方引带。（图 3-20）

▲ 图3-20

（3）前推持手

若甲方右手收回，乙方可顺水推舟，借甲方回收之力前推，加上乙方推力，易使甲方失去平衡而仰倒。（图 3-21）

▲ 图3-21

（三）捞钩手

“捞钩手”为韦驮拳比较突出的一个特点技法，体现了“出手不空回，回手不落空”的技法。其用法是我前手（右手）拳进攻对方，或虚招、或实招，对方右手格挡，我手往回收时，拳变掌（掌心向左）用小指一侧勾住对方手臂或用掌抓住对方手臂，往斜下方或斜后方以寸劲牵拉，使对方脚跟浮动难以发力，我后手（左手）同时打出。我出手进攻时，若对方没有招架，我打出之手打到对方后，立即变爪抓住对方衣服往回拉，同时后手出击，这时，我往回拉力和后手出击之力形成力偶，使后手打出的力更大。对方被我拉动前倾，与我之拳对撞，受伤害更大。这个技法宜在贴身短打时运用，打出之手似直非直，防止对方撅臂擒拿或剪手断肘，不可全力发出，所谓“打七分留三分”。遇对方擒拿时应立即沉肩坠肘，重心下降，手臂前后弹抖，即可解脱。

（1）外捞钩手

甲（着灰色衣服者）乙（着橙色衣服者）两人双弓步站立，右掌心向上，手腕相靠，左掌护于右肘内侧，目视右掌。（图3-22）

乙方右手翻掌握拳，前推甲方之胸部。甲方右手翻掌心向下，身体右转，用拇指和小指粘住乙方手腕，顺势向斜后方引带；同时，左手握拳向前打击乙方肋部。（图3-23）

▲ 图3-22

▲ 图3-23

(2)内捞钩手

成捧乱势。(图3-24)

若乙方用左拳击打甲方肋部,甲方身体右转,右手以肘为圆心,右掌向左、向下、向右划弧,掌心斜向下,以小指一侧勾挂乙方左手腕,左手变拳击打乙方胸部。(图3-25)

▲ 图3-24

▲ 图3-25

(四)放步仔

"放步仔"为莆田南少林武术"韦驮拳"门派的另一个比较突出的技法特点,其用法是双方对峙,判断对方要出手或脚进攻我,我迅速前脚(右脚)向右横迈一小步,同时收左脚到右脚前成独立步,重心在右脚,若我用左脚反击,此时可提膝弹踢对方裆部、蹬踢对方腘窝、下踹对方小腿迎面骨或用脚底猛跺对方脚面;若我用手反击,收左脚到右脚前时不停留,直接向左斜前方弧形迈出,用拳或掌打击对方。"放步仔"这个特点正体现了韦驮拳后发制人、避正击斜的技巧，体现了“彼不动，我不动；彼微动，我先动”后发制人的特性。这种技法特别适合对付人高马大的人，技法的关键是要准确预判效果更佳。

（1）右放步仔

甲（着灰色衣服者）乙（着橙色衣服者）两人双弓步站立，右手屈臂前伸，掌心向左，左掌护于右肘内侧，目视对方。（图 3-26）

▲ 图3-26

乙方右脚向右横迈一小步，接着身体右转，左脚向右、向前、向左划弧，在右脚前落步成双弓步；乙方左手前伸，掌心向右，右掌护于左手内侧。此步法用于闪避甲方正面进攻，亦称闪步。（图 3-27、图 3-28）

▲ 图3-27

▲ 图3-28

（2）左放步仔

成捧乱势。（图 3–29）

乙方左脚向左横迈一小步，接着右脚向左、向前、向右划弧，在左脚前落步成双弓步，两掌不变。（图 3–30、图 3–31）

▲ 图3-29

▲ 图3-30

▲ 图3-31

（3）放步仔闪打

成捧乱势。（同图 3-29）

乙方成右三角步后，右脚蹬地，身体左转，重心前移成左弓步；同时，右拳向前击打甲方脸颊。（图 3-32、图 3-33）

▲ 图3-32

▲ 图3-33

（4）放步仔撩阴腿

乙方成右三角步后，重心后移，左脚提起向前弹踢甲方裆部。（图 3-34、图 3-35）

▲ 图3-34

▲ 图3-35

（五）摊脚

摊脚分前摊脚和后摊脚，前摊脚又分为内摊脚和外摊脚。

（1）外摊脚

成捧乱势。（图 3–36）

乙方右手下压甲方右手腕，左手掌顶住甲方右肘；同时，重心前移，略提右脚在甲方右脚内侧划弧，在甲方右脚内落步，乙方右腿紧靠甲方右腿，乙方右脚踝靠在甲方右脚踝外侧，防止其撤步，然后再实施招法进攻，一般与勾踢摔法结合。（图 3–37）

▲ 图3–36

▲ 图3–37

（2）内摊脚

成捧乱势。（图 3-38）

乙方右手下压甲方右手腕，左手掌顶住甲方右肘；同时，重心前移，略提右脚在甲方右脚内侧划弧，落在甲方右脚内，乙方右腿紧靠甲方右腿，乙方右脚踝靠在甲方右脚踝内侧，防止其撤步，随后再实施招法进攻，一般与勾踢摔法结合。（图 3-39）

后摊脚则是前脚或后脚后退时，同样走弧形路线，以摊开对方步法，达到破坏对方重心的作用。

▲ 图3-38

▲ 图3-39

四 功法练习

（一）底功

韦驮拳尤为注重底盘功夫训练，初学拳者，必从“三战”入门，练习韦驮拳特有的手、眼、身、步及吞吐发力。有拳谚曰“习拳三战起，三战练到死”，充分说明作为莆田南少林“拳母”之称的三战在练拳者习练中的重要性。在过去，初学者至少需用一年的时间练习三战，每天需练习几十遍，最后还要在两脚踝处栓上石磨盘，拖动着石磨盘练习，待师傅认为下盘足够稳健，才开始教授其他套路。

（二）过乩

“过乩”为莆田南少林武术“韦驮拳”门派又一比较突出的特点技法，其用法是双方对峙，我右手出拳进攻，拳心转向下，重心往前略移，对方右手格挡，向右拨开我前臂，我左手掌心向上从右前臂下方穿出，向斜前方划出把对方右前臂向左格开，打开对方中门，同时我右拳边转拳心向上边收回，重心略往后坐，右拳收回半程后迅速再打出，拳心转向下，重心略往前移，同时左手收回，护于左胸前。

有时，我左手掌心向上从右前臂下方穿出，向斜前方划出把对方右前臂向左格开，同时我右拳边转拳心向上边收回，重心略往后坐，我左手立即翻掌抓握对方右前臂回拉，右拳收回半程后迅速再打出，拳心转向下。这个一般用在对方防守严密时，为了打开对方门户而使用，所以一般第一拳是虚拳，打得比较轻快，引出对方防守，再破开门户进攻，第二拳为重拳。

（三）乱手

乱手练习是本门拳派的重要练功方法。乱手是拳法之门户，出入之途径，是防守进攻的主要武器。经常练习乱手，可以提高手臂的“听劲”灵敏度，还可以做到手与身合，身与马合，腰马合一。练习时，审时度势，以静待动，以柔克刚，来则化之，去则送之，以力就力，顺水推舟，以巧取胜。

乱手练习时，两人相对而立，马步正对或三角马（双弓步）侧身而对，双方右手捧起腕关节相靠，左手护在胸前，预防对方肘击或右手脱手被打而做补手防御。一方进攻时用掌推来或用掌勾去，意在破坏对方平衡；另一方柔化后进攻，破坏对方平衡，力求自身平衡，谁脚掌移动谁就是输。

民间文明较乱一般是比试乱手，一但靠上乱手，双方根据阴阳五行的变化规律，往返使劲，破坏对方的平衡，谁脚掌移动谁就输。除此之外就是自由技，即以本门拳法进行灵活技击，但双方皆手下留情，形至而劲不达，即点到为止。

（四）攻防对练

在学拳的过程中，最后阶段也是关键阶段就是要进行“拆招”“喂招”训练，达到学以致用。练习者从套路中拆出招数，根据实战要求，两人之间进行攻防对练，一人进攻，一人防守，相互配合。主要练习如何“听劲”“化力”和熟练掌握招法的应用，在练习过程中保持步法的稳固和身体的平衡。

五 精选徒手套路

（一）三战

1. 三战拳法要求

吞蝉吊肚臂需收；

落臂沉肩神灌指；

形似狮嘴麒麟眼；

金龙抓地腿护裆。

2. 三战动作名称

（1）韦驮献杵

（2）龙虾出港

（3）藤手节三进

（4）藤手节三进

（5）藤手节三进

（6）翻手

（7）老鹰劈翅

（8）双手抱鱼

（9）单乩阴阳

（10）翻手

（11）藤手节三进

（12）藤手节三进

（13）藤手节三进

（14）翻手

（15）下马拜佛

（16）收势

3. 三战动作图解

（1）韦驮献杵

立正姿势，左脚向左横跨一步，与肩同宽；同时，左手提掌绕弧，右手抱拳，左掌覆盖于右拳上，从腰间向前推出，掌尖与鼻同高，两臂微屈。（图 5-1、图 5-2）

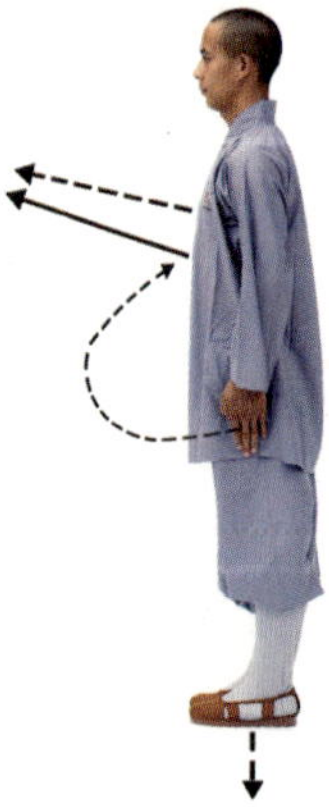
▲ 图 5-1

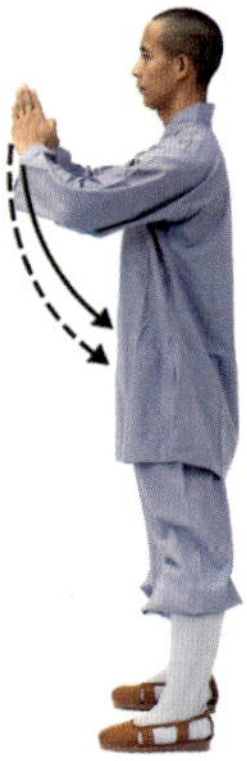
▲ 图 5-2

（2）龙虾出港

两手翻掌慢慢后拉，于腰间抱拳；同时，提肩提气，两手变立掌，用力前推，肘部微屈；同时，右脚上半步下蹲成双弓马，右手握拳，左手仍呈斜立掌姿势。（图 5-3～图 5-5）

▲ 图 5-3

▲ 图 5-4

▲ 图 5-5

（3）藤手节三进

右脚向前摊半步，左脚拖半步；同时，右手出拳，拳心向下，左手逆时针绕环成防守姿势，随后右手回收至左手旁。（图 5–6～图 5–8）

▲ 图 5–6

▲ 图 5–7

▲ 图 5–8

（4）藤手节三进

右脚向前弧形摊半步，左脚拖半步；同时，右手出拳，拳心向下，左手逆时针绕环成防守姿势，随后右手回收至左手旁。（图 5–9～图 5–11）

▲ 图 5–9

▲ 图 5–10

▲ 图 5–11

（5）藤手节三进

右脚向前弧形摊半步，左脚拖半步；同时，右手出拳，拳心向下，左手逆时针绕环成防守姿势，随后右手回收至左手旁。（图 5-12～图 5-14）

▲ 图5-12

▲ 图5-13

▲ 图5-14

（6）翻手

右手变掌从左手下方弧形穿出，两手掌心向上，同时向前推出。（图 5-15、图 5-16）

▲ 图5-15

▲ 图5-16

（7）老鹰劈翅

两手交叉翻掌后拉、内勾、下插。（图 5–17）

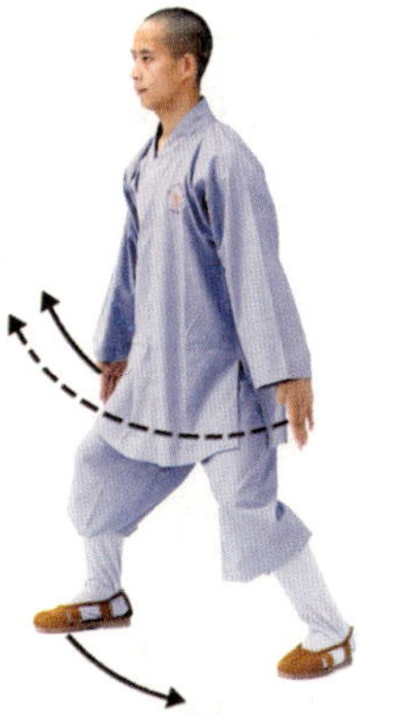

▲ 图5-17

（8）双手抱鱼

左转身 90°，右脚向左横扣步成双弓步；同时，两手变上抄拳。（图 5–18）

▲ 图5-18

（9）单乩阴阳

左拳变掌向外格挡于脸前，右拳变掌向下穿出并收回腰间；同时，身体转 90°，右掌变拳向上抄拳。（图 5–19、图 5–20）

▲ 图5-19

▲ 图5-20

（10）翻手

左手前穿，右手变掌从左手下方弧形穿出，两掌心向上，同时向前推出，随即外旋回收成横掌，接着左手握拳。（图 5-21 ~ 图 5-23）

▲ 图 5-21

▲ 图 5-22

▲ 图 5-23

（11）藤手节三进

左脚向前弧形摊半步，右脚拖半步；同时，左手出拳，拳心向下，右手逆时针绕环成防守姿势，随后左手回收至右手旁。（图 5-24 ~ 图 5-26）

▲ 图 5-24

▲ 图 5-25

▲ 图 5-26

（12）藤手节三进

左脚向前弧形摊半步，右脚拖半步；同时，左手出拳，拳心向下，右手逆时针绕环成防守姿势，随后左手回收至右手旁。（图 5-27～图 5-29）

▲ 图 5-27

▲ 图 5-28

▲ 图 5-29

（13）藤手节三进

左脚向前弧形摊半步，右脚拖半步；同时，左手出拳，拳心向下，右手逆时针绕环成防守姿势，随后左手回收至右手旁。（图 5-30～图 5-32）

▲ 图 5-30

▲ 图 5-31

▲ 图 5-32

（14）翻手

左手变掌从右手下方弧形穿出，两掌心向上，同时向前推出。（图 5-33、图 5-34）

▲ 图 5-33

▲ 图 5-34

（15）下马拜佛

两手回收成龙虾出港势，左脚后撤半步成马步；同时，两手直臂后绕环成两手胸前马步合掌。（图 5-35、图 5-36）

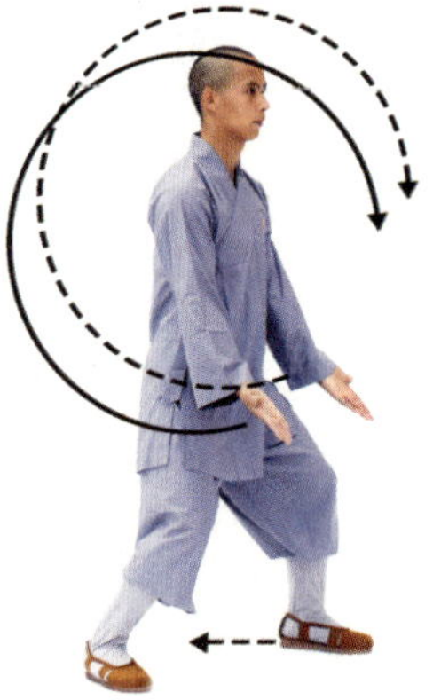

▲ 图 5-35

▲ 图 5-36

（16）收势

两手垂于体侧，两脚并拢成立正姿势。（图 5-37）

▲ 图 5-37

（二）十八步

1. 十八步动作名称

（1）韦驮献杵

（2）中间插

（3）下山折竹

（4）龙吐须

（5）犀牛照角

（6）五虎下山

（7）狮子抱球

（8）双龙献瑞

（9）蟒蛇出洞

（10）象缠鼻

（11）过身闸

（12）青蛙蹬腿

（13）弥勒献肚

（14）猿猴抱瓜

（15）飞凤朝天

（16）金蝉脱壳

（17）老鹰展翅

（18）金鸡独立

（19）收势（童子拜观音）

2. 十八步动作图解

（1）韦驮献杵

立正姿势，左脚向左横跨一步；同时，左手抱拳于腰间，右手提掌经体侧绕弧落于胸前，成横裆步立掌姿势，随后右掌平划弧收回腰间变拳，左拳变掌平划弧附于右拳上，右脚上半部成虚步，右拳、左掌自腰间推出，成虚步抱拳。（图 5-38～图 5-40）。

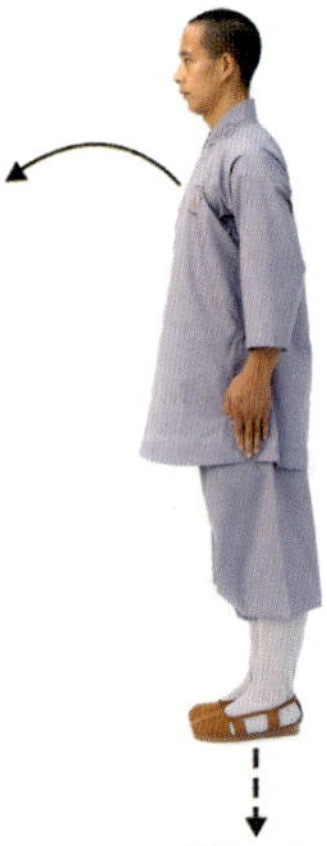

▲ 图5-38

▲ 图5-39

▲ 图5-40

（2）中间插

右脚上半步，左脚跟半步成马步侧身；同时，左掌体前划弧后立掌于胸前，右手变二指禅从下向上插击。（图 5-41）

▲ 图5-41

（3）下山折竹

跃步向前下蹲成仆步；同时，左手弧形前抓后拉，右手二指前插，目视前方。（图 5-42）

▲ 图 5-42

（4）龙吐须

右脚向前滑步成虚步；同时，两手从下往上交叉划弧成抓握之势，身体后仰。（图 5-43）

▲ 图 5-43

（5）犀牛照角

两脚向前滑步成弓步；同时，两手变拳交叉外格挡，随后两手变凤眼拳向下对击，身体前倾。（图 5-44）

▲ 图 5-44

（6）五虎下山

重心左移成横裆步，左手在体侧格挡，右手收回后下砸成打虎势。（图 5-45）

▲ 图5-45

（7）狮子抱球

向左跃步成右仆步，两手抡圆拍地成抓物状。（图 5-46、图 5-47）

▲ 图5-46

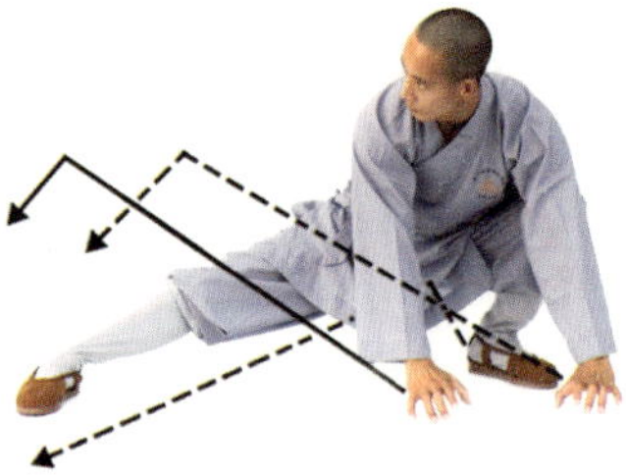

▲ 图5-47

（8）双龙献瑞

向右跃步，两手交叉翻掌向后推出成马步双推掌势。（图 5-48）

▲ 图5-48

（9）蟒蛇出洞

右脚向前一步成弓步，两手捧花后，右手变二指禅斜向上插击，左手变掌向后撩击，掌心均向上，两臂成一条斜线。（图 5–49、图 5–50）

▲ 图5–49

▲ 图5–50

（10）象缠鼻

以左脚为轴，身体半蹲，右腿伸直后扫半周；同时，右手抓握成拳，直臂横攻成双弓步，左手前挑掌于体前，随后右手上勾拳，左手抱拳收回腰间。（图 5–51、图 5–52）

▲ 图5–51

▲ 图5–52

（11）过身闸

右脚向前弧形摊步成马步，左掌变拳过乩抓握后拉，右拳向前上方勾击。（图 5–53、图 5–54）

▲ 图5–53

▲ 图5–54

（12）青蛙蹬腿

右手变掌外格防守，收回腰间；同时，右腿向后从屈到直弹扫，随后左手过技，右手后顶肘后向前双标指，左手从胸前经立掌收回腰间，成左高弓步右插指势。（图 5-55、图 5-56）

▲ 图5-55

▲ 图5-56

（13）弥勒献肚

右脚上步成右弓步；同时，两手经体前交叉下拉至胸前，随后右脚上前半步，以前额向前撞击。（图 5-57、图 5-58）

▲ 图5-57

▲ 图5-58

（14）猿猴抱瓜

两手五指张开，由外向内划弧在体前掐抓；同时，身体重心略后移成虚步。（图 5-59）

▲ 图5-59

（15）飞凤朝天

两手体前交叉翻掌抓拿，重心下沉，两手下拉，随即右脚向前弹踢。（图 5-60、图 5-61）

▲ 图 5-60

▲ 图 5-61

（16）金蝉脱壳

右脚后撤一步，身体重心下沉，两手外旋并后拉；同时，重心向前成弓步，两掌向前推出。（图 5-62、图 5-63）

▲ 图 5-62

▲ 图 5-63

（17）老鹰展翅

左脚后撤一步，身体左转，重心下沉，带动两手在体前从上向下交叉并向左右弹出，掌心向下，成马步弹掌势。（图 5-64、图 5-65）

▲ 图 5-64

▲ 图 5-65

（18）金鸡独立

两手从上向下外格；同时，向左跃步，右弹踢，身体右转，成金鸡独立势。（图 5-66）

▲ 图 5-66

（19）收势（童子拜观音）

右脚落地成马步，两手从上向下划弧在胸前合十，随后左脚向右并步，成立正姿势。（图 5-67、图 5-68）

▲ 图 5-67

▲ 图 5-68

（三）五枝

1. 五枝动作名称

（1）韦驮献杵
（2）捧技
（3）进步捧技
（4）在
（5）网
（6）在
（7）长短技
（8）爪龙
（9）持手
（10）发
（11）捧技
（12）进步捧技
（13）在
（14）网
（15）在
（16）长短技
（17）爪龙
（18）持手
（19）发
（20）捧技
（21）进步捧技
（22）在
（23）网
（24）在
（25）右三刀
（26）右二龙戏珠
（27）右镖脚
（28）右落地金刀
（29）左二龙戏珠
（30）左镖脚
（31）左落地金刀
（32）右二龙戏珠
（33）右镖脚
（34）右落地金刀
（35）童子拜佛
（36）收势

2. 五枝动作图解

（1）韦驮献杵

两脚并步站立，精神饱满，全身放松，两手垂放于大腿两侧，下颌略收，两眼平视前方，两掌外旋向斜上 45° 方向划弧捧起与肩平，掌心向上，肘略屈。（图 5–69、图 5–70）

两掌变拳，拳心向上，收回腋下。（图 5–71）

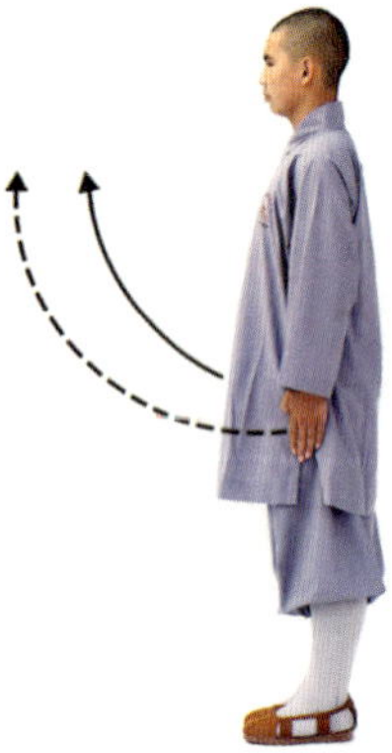

▲ 图 5–69

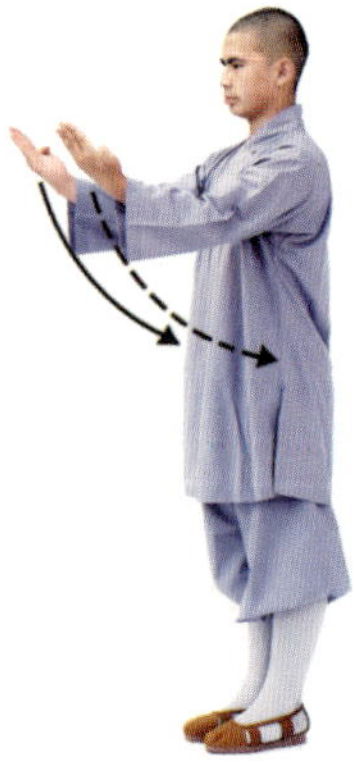

▲ 图 5–70

▲ 图 5–71

右脚向右分开与肩同宽成马步，落地时用力震脚；同时，两拳变掌，掌心向内、掌指向下插，两掌位于两膝外侧。（图 5–72）

重心移至左脚，右脚收回至左脚内侧再向前迈出，前脚掌点地成右虚步；同时，右掌变拳，拳心向下置于胸前，左掌向前、向上再向右、向后划弧，掌心向下，盖于右拳上，形成抱拳礼向前推出。（图 5–73）

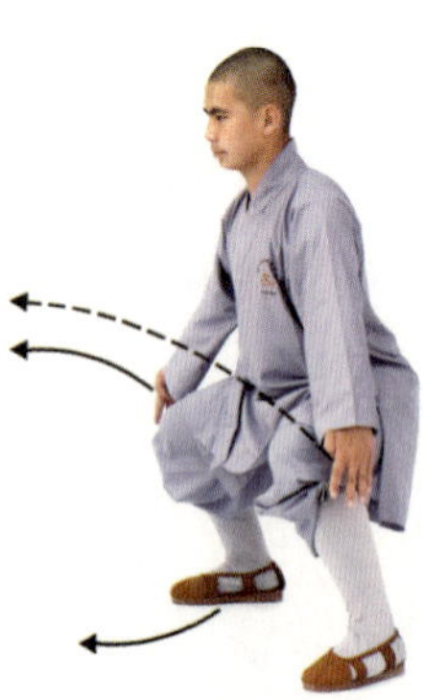

▲ 图 5–72

▲ 图 5–73

（2）捧技

右脚收回后再向右分开成马步；同时，右拳变掌，掌心向下，两掌一同向后再向下按于小腹前，掌指相对。（图 5-74）

右脚收回后再向前迈出成双弓步，身体正对前方；同时，两手翻掌，掌心向上，在胸前交叉后向两边格开，力达两臂外侧，两前臂平行，掌指斜向上，沉肩坠肘。（图 5-75）

▲ 图5-74

▲ 图5-75

（3）进步捧技

上身不动，右脚向前迈一小步，左脚跟进一小步，左脚掌落地时略震脚。（图 5-76）

▲ 图5-76

（4）在

两掌同时以中指为轴内旋，变掌心向斜前下方；同时沉腕，两掌根向外撑开，力达掌根，与肩同宽。（图 5-77）

▲ 图5-77

（5）网

重心略后坐；同时，身体左转 45°，两掌内旋、掌心向下，随转体向左后略回收，目视前方。（图 5-78）

左脚蹬地，重心前移，身体转向正前方；同时，两掌向前插出，力达掌指，掌心向下，两掌与肩同宽，两臂高与肩平。（图 5-79）

▲ 图5-78

▲ 图5-79

（6）在

两手沉腕并向外撑开，掌心斜向下，力达掌根外侧，肘略屈。（图 5-80）

▲ 图5-80

（7）长短技

重心略后移，右掌外旋，掌心向左屈臂直线收回于右肩前，重心略下沉再略前移，身体左转约75°；同时，右掌下沉再向前插出，力达指尖，左掌收回于右上臂内侧。（图 5-81）

▲ 图5-81

（8）爪龙

身体右转正对前方，两掌屈腕成爪手提起，高与眼平，指尖斜向下，两臂与肩同宽，力达手腕。（图 5-82）

▲ 图5-82

（9）持手

两手腕外旋，掌心向内、向下划弧至腹前，虎口相对，两手相距两拳距离成掐状。（图 5-83）

▲ 图 5-83

（10）发

身体左转约 45°，两手随转身收回腹前，重心略后坐，随后身体右转正对前方，重心略前移，两手内旋成掌向前推出，力达掌根。（图 5-84、图 5-85）

▲ 图 5-84

▲ 图 5-85

（11）捧技

重心略后坐，两掌下落交叉后翻掌向上捧起并向两边格开，力达两前臂外侧，两前臂平行，掌指斜向上，沉肩坠肘。（图 5-86）

▲ 图 5-86

（12）进步捧技

与“（3）进步捧技”动作相同。（图 5-87）

▲ 图5-87

（13）在

与“（4）在”动作相同。（图 5-88）

▲ 图5-88

（14）网

与“（5）网”动作相同。（图 5-89、图 5-90）

▲ 图5-89

▲ 图5-90

（15）在

与“（4）在”动作相同。（图 5-91）

▲ 图5-91

（16）长短技

与“（7）长短技”动作相同。（图 5-92）

▲ 图5-92

（17）爪龙

与“（8）爪龙”动作相同。（图 5-93）

▲ 图5-93

（18）持手

与“（9）持手”动作相同。（图 5-94）

▲ 图 5-94

（19）发

与“（10）发”动作相同。（图 5-95、图 5-96）

▲ 图 5-95

▲ 图 5-96

（20）捧技

与“（11）捧技”动作相同。（图 5-97）

▲ 图 5-97

（21）进步捧技

与“（3）进步捧技”动作相同。（图 5-98）

▲ 图5-98

（22）在

与“（4）在”动作相同。（图 5-99）

▲ 图5-99

（23）网

与“（5）网”动作相同。

（图 5-100、图 5-101）

▲ 图5-100

▲ 图5-101

（24）在

与“（4）在”动作相同。（图 5–102）

▲ 图 5–102

（25）右三刀

重心略后移，右手掌屈臂收回于右肩前，随后重心略下沉再略前移，身体左转约 75°，右掌击出，掌心斜向上，力达掌根，左掌收回于右上臂内侧。（图 5–103）

以上动作重复 3 遍。

▲ 图 5–103

（26）右二龙戏珠

重心略后移并略升高，身体向右转正，右掌翻掌心向下变二指收回屈腕，高与眼平。（图 5–104）

重心前移，身体左转约 75°，右手二指向前插出，高与眼平。（图 5–105）

▲ 图 5–104

▲ 图 5–105

（27）右镖脚

重心移至左脚，右脚提膝弹腿，高与胯平，力达脚尖。（图 5-106）

▲ 图5-106

（28）右落地金刀

右脚落地；同时，右手变掌屈腕，掌心向后、向下砍击，高与膝平，力达掌根。（图 5-107）

▲ 图5-107

（29）左二龙戏珠

右脚后撤一步，身体右转，重心偏右脚，右掌掌心向内随转体收回勾挂于脸前，左掌向右按盖于身前，掌心向右。（图5-108）

重心略前移，左掌变二指向前插出，右掌置于左上臂内侧，高与眼平。（图 5-109）

▲ 图5-108

▲ 图5-109

（30）左镖脚

重心移至右脚，左脚提膝弹腿，高与胯平，力达脚尖。（图 5-110）

▲ 图5-110

（31）左落地金刀

左脚落地；同时，左手变掌屈腕，掌心向后、向下砍击，高与膝平，力达掌根。（图 5-111）

▲ 图5-111

（32）右二龙戏珠

左脚后撤一步，身体左转，重心偏左脚，左掌掌心向内随转体收回勾挂于脸前，右掌向左按盖于身前，掌心向左。（图5-112）

重心略前移，右掌变二指向前插出，左掌置于右上臂内侧，高与眼平。（图 5-113）

▲ 图5-112

▲ 图5-113

（33）右镖脚

与“（27）右镖脚”动作相同。（图 5-114）

▲ 图 5-114

（34）右落地金刀

与“（28）右落地金刀”动作相同。（图 5-115）

▲ 图 5-115

（35）童子拜佛

左脚向前迈一小步，重心落于左腿，右脚尖点地成右虚步，右掌变拳收回右胸前，拳心向下，左掌盖于右拳上，一同向前推出成抱拳礼。（图 5-116）

▲ 图 5-116

（36）收势

右脚收回与左脚并步站立，两手握拳，收回腰间，拳心向上。（图5-117）

两拳变掌，垂放于两腿外侧，掌心向内。（图5-118）

▲ 图5-117

▲ 图5-118

（四）一路

1. 一路动作名称

（1）韦驮献杵
（2）关公拉须
（3）捧技
（4）剔、凿、罩
（5）捧技
（6）剔、凿、罩
（7）捧技
（8）剔、凿、罩
（9）卸
（10）单拂
（11）卸
（12）下顶王
（13）上顶王
（14）卸
（15）凿
（16）右倒偶拨
（17）左倒偶拨
（18）单拂
（19）卸
（20）剔、凿
（21）右双拂
（22）左双拂
（23）前双拂
（24）卸
（25）剔
（26）凿
（27）右过身闸
（28）左过身闸
（29）单拂
（30）卸
（31）剔、凿
（32）右白马献蹄
（33）左白马献蹄
（34）牵牛过坎
（35）冲心肘
（36）叩上
（37）卸
（38）剔、凿
（39）狮子开口
（40）金蝉脱壳
（41）卸
（42）捧技
（43）剔、凿
（44）收气归元

2. 一路动作图解

（1）韦驮献杵

并步站立，下颌内收，含胸拔背，精神集中，目视前方，随后左脚向左迈步，两脚与肩同宽，重心移至左脚，右脚收回左脚前，脚尖着地，右掌变拳，拳心向上置于腰间，左掌向右划弧，掌心贴于右拳，右脚前伸成右虚步；同时，右拳左掌一同向前推出。（图 5-119～图 5-121）

▲ 图5-119

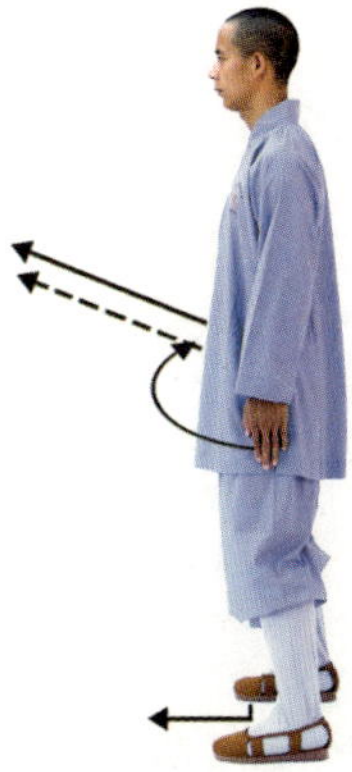

▲ 图5-120

▲ 图5-121

（2）关公拉须

右脚收回后再向右分开，两脚与肩同宽，两手收回胸前，变掌心向下按至丹田处；同时，重心上移。（图 5-122）

▲ 图5-122

（3）捧技

右脚收回后再向前迈步成双弓步；同时，两掌翻掌，右掌在外、左掌在内在胸前交叉后再分开，屈肘90° ，两掌平行，掌心斜向上，高与肩平。（图 5-123）

▲ 图 5-123

（4）剔、凿、罩

左掌略收回后从右前臂下穿出，再向前、向左拨开（过技）；同时，右掌变拳收至腰间，拳心向上。（图 5-124）

重心略前移成右弓步；同时，右拳向前冲出，拳心向下，左掌收至腰间。（图 5-125）

重心略后移成双弓步，右拳翻拳心向上；同时，左掌前伸翻掌心斜向下，拳、掌相距一拳距离。（图 5-126）

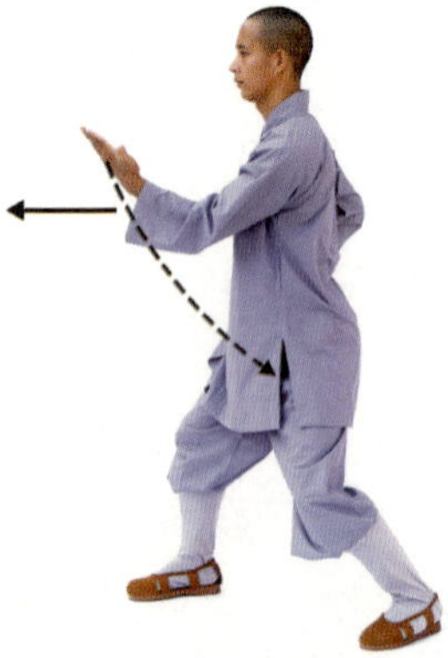

▲ 图 5-124

▲ 图 5-125

▲ 图 5-126

（5）捧技

右拳变掌，掌心斜向上，左掌翻掌，掌心斜向上，两掌平行，屈肘90° 左右。（图 5-127）

▲ 图 5-127

（6）剔、凿、罩

左掌略收回后从右前臂下穿出，再向前、向左拨开（过技）；同时，右掌变拳收至腰间，拳心向上。（图 5-128）

重心略前移成右弓步；同时，右拳向前冲出，拳心向下，左掌收至腰间。（图 5-129）

重心略后移成双弓步，右拳翻拳心向上；同时，左掌前伸翻掌心斜向下，拳、掌相距一拳距离。（图 5-130）

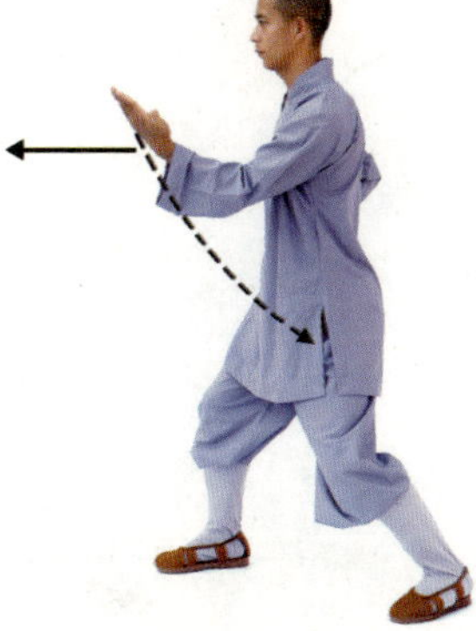

▲ 图 5-128

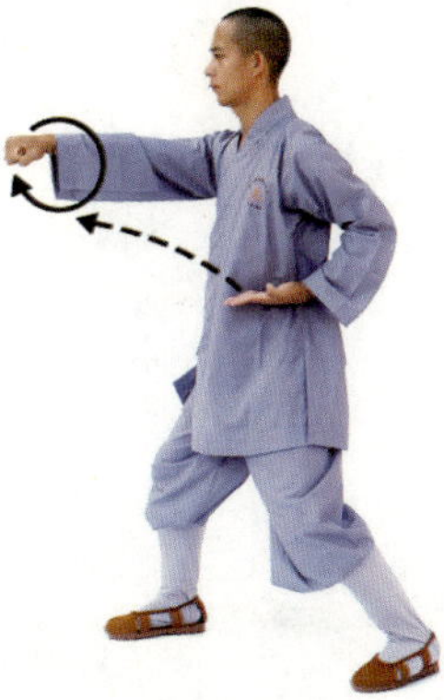

▲ 图 5-129

▲ 图 5-130

（7）捧技

右拳变掌，掌心斜向上，左掌翻掌，掌心斜向上，两掌平行，屈肘 90° 左右。（图 5-131）

▲ 图 5-131

（8）剔、凿、罩

左掌略收回后从右前臂下穿出，再向前、向左拨开（过技）；同时，右掌变拳收至腰间，拳心向上。（图 5-132）

重心略前移成右弓步；同时，右拳向前冲出，拳心向下，左掌收至腰间。（图 5-133）

重心略后移成双弓步，右拳翻拳心向上；同时，左掌前伸翻掌心斜向下，拳、掌相距一拳距离。（图 5-134）

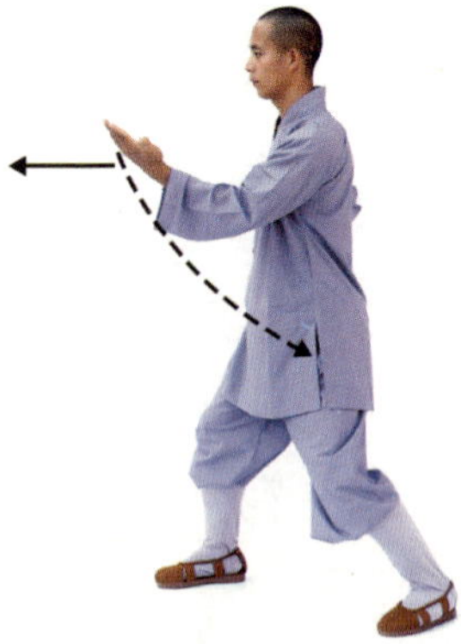

▲ 图 5-132

▲ 图 5-133

▲ 图 5-134

（9）卸

右脚后撤一步成双弓步，左掌向前、向上、向右、向下、向左划弧，掌心向上停至左身前，右拳变掌由下向前、向上、向右、向后划弧，翻掌心向外停至右胸前。（图 5-135）

身体略左转正对前方成左弓步，右掌向下，同时左掌向上一同用力，形成力偶。（图 5-136）

▲ 图 5-135

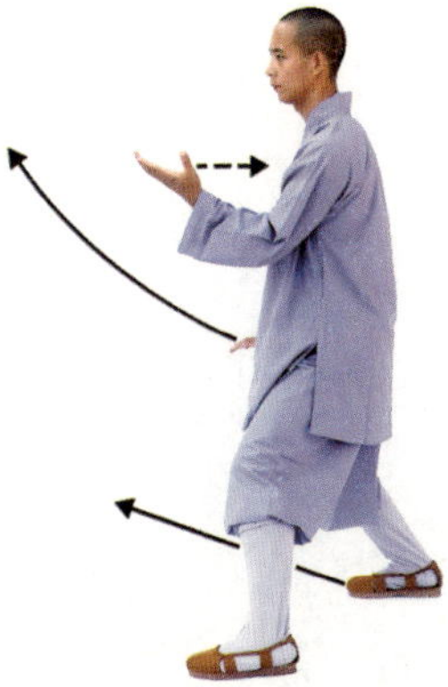

▲ 图 5-136

（10）单拂

右脚向前进一步成双弓步，左掌收至右胸前，右掌提起，掌心向左，与肩同高，屈肘 90° 左右。（图 5-137）

重心略前移成右弓步，右掌向前击出，左手置于右肘内侧，力达掌根。（图 5-138）

▲ 图 5-137

▲ 图 5-138

（11）卸

右脚后撤一步成双弓步，左掌向前、向上、向右、向下、向左划弧停至左身前，掌心向上，右掌由下向前、向上、向右、向后划弧停至右胸前，翻掌心向外。（图 5–139）

身体略左转正对前方成左弓步，右掌向下；同时，左掌向上一同用力，形成力偶。（图 5–140）

▲ 图 5–139

▲ 图 5–140

（12）下顶王

右脚向前进一步成双弓步，左掌收至面前，右掌向前插击，掌心向左，力达掌指，高与腹平。（图 5–141）

▲ 图 5–141

（13）上顶王

左掌翻掌下压，右掌收回再向前上方插击，力达掌根，高与下颌平。（图 5-142）

▲ 图5-142

（14）卸

右脚后撤一步成双弓步，左掌向前、向上、向右、向下、向左划弧，掌心向上停至左身前，右掌由下向前、向上、向右、向后划弧，翻掌心向外停至右胸前。（图 5-143）

身体略左转正对前方成左弓步，右掌向下；同时，左掌向上一同用力，形成力偶。（图 5-144）

▲ 图5-143

▲ 图5-144

（15）凿

重心略前移成右弓步；同时，右拳向前冲出，拳心向下，左掌收至腰间。（图 5–145）

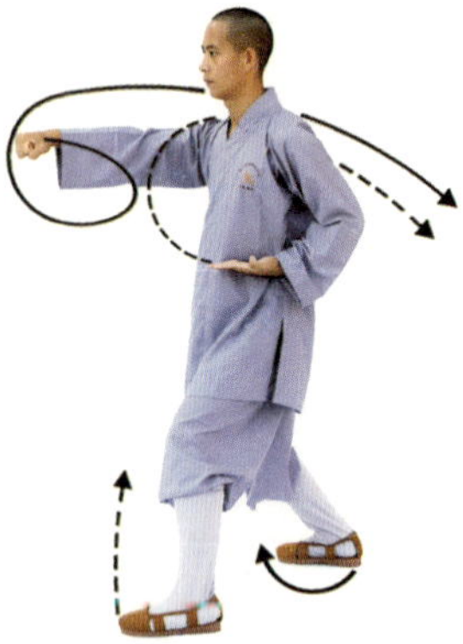

▲ 图5-145

（16）右倒偶拨

左脚向右横跨一小步，右脚原地转脚掌；同时，向右转身 180° ，左右掌随身体向后划弧置于胸前，右掌心向下，左掌心向上，两臂与肩同宽。（图 5–146）

左掌向右斜上方划弧，掌心向右，与肩同高，右掌下压，掌心向下，置于右胯旁。（图 5–147）

▲ 图5-146

▲ 图5-147

（17）左倒偶拨

右脚后撤一步，右掌向左斜上方划弧，掌心向左斜上，左掌下压，掌心向下。（图 5–148）

▲ 图 5–148

（18）单拂

左脚向左迈一小步，右脚划内弧前进一步（三角步）成双弓步，左掌提起置于右肩前，右掌略回收，屈肘 90° 左右。（图 5–149）

重心略前移，成右弓步，右掌向前击出，力达掌根。（图 5–150）

▲ 图 5–149

▲ 图 5–150

（19）卸

右脚后撤一步成双弓步，左掌向前、向上、向右、向下、向左划弧，掌心向上停至左身前，右掌由下向前、向上、向右、向后划弧，翻掌心向外停至右胸前。（图 5-151）

身体略左转正对前方成左弓步，右掌向下；同时，左掌向上一同用力，形成力偶。（图 5-152）

▲ 图 5-151

▲ 图 5-152

（20）别、凿

右手翻掌心向上并前伸，左掌从右前臂下穿过向前、向左拨开（过技）停至左身前；同时，右掌变拳收至腰间。（图 5-153）

重心略前移成右弓步；同时，右拳向前冲出，拳心向下，左掌收至腰间。（图 5-154）

▲ 图 5-153

▲ 图 5-154

（21）右双拂

右脚向前迈一小步，身体右转 90° 成双弓步，右拳变掌，两手划弧至胸前，掌心斜相对。（图 5-155）

重心略前移成右弓步；同时，两掌向前击出，高与下颌平，力达掌根，两掌相距一拳距离。（图 5-156）

▲ 图 5-155

▲ 图 5-156

（22）左双拂

右脚向左迈一小步，身体左转 180° 成双弓步，两掌在胸前交叉后再随身体划弧至胸前，掌心斜相对。（图 5-157）

重心略前移成左弓步，两掌向前击出，高与下颌平，两掌相距一拳距离。（图 5-158）

▲ 图 5-157

▲ 图 5-158

（23）前双拂

右脚斜上步，身体右转 90° 左右成双弓步，两掌收至胸前，两掌心斜相对。（图 5-159）

重心略前移成右弓步，两掌向前击出，高与下颌平，两掌相距一拳距离。（图 5-160）

▲ 图 5-159

▲ 图 5-160

（24）卸

右脚后撤一步成双弓步，左掌向前、向上、向右、向下、向左划弧停至左身前，掌心向上，右拳变掌由下向前、向上、向右、向后划弧停至右胸前，翻掌心向外。（图 5-161）

身体略左转正对前方成左弓步，右掌向下；同时，左掌向上一同用力，形成力偶。（图 5-162）

▲ 图 5-161

▲ 图 5-162

（25）剔

右手翻掌心向上并前伸，左掌从右前臂下穿过向前、向左拨开（过技）停至左身前；同时，右掌变拳收至腰间。（图5–163）

▲ 图5–163

（26）凿

重心略前移成右弓步；同时，右拳向前冲出，拳心向下，左掌收至腰间。（图5–164）

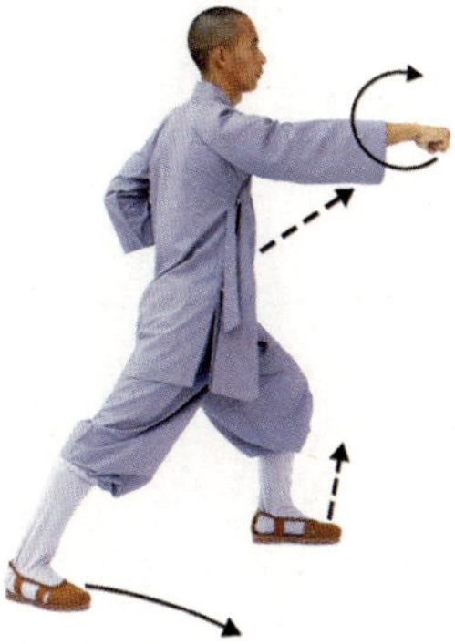

▲ 图5–164

（27）右过身闸

左脚往左分开一小步，右脚向内弧形前进一步，重心略降（三角步）成双弓步，右拳变掌向上、向后划弧至右身前，掌心向上，左手由下向上、向右移至右肩前，掌心向下。（图5–165）

重心略起，右掌向前砍击。（图5–166）

▲ 图5–165

▲ 图5–166

（28）左过身闸

右脚向右分开一小步，左脚向内弧形前进一步，重心略降（三角步）成双弓步，左掌向上、向后划弧至左身前，掌心向上，右掌划弧至左肩前，掌心向下。（图5-167）

重心略起，左掌向前砍击。（图 5-168）

▲ 图5-167

▲ 图5-168

（29）单拂

左脚向左分开一小步，右脚前进一步，重心略降成双弓步，左掌移至右肩前，右手掌收至右肩前，屈肘 90° 。（图 5-169）

重心略前移成右弓步，右掌向前击出，力达掌根。（图 5-170）

▲ 图5-169

▲ 图5-170

（30）卸

右脚后撤一步成双弓步，左掌向前、向上、向右、向下、向左划弧至左身前，掌心向上，右掌由下向前、向上、向右、向后划弧至右胸前，翻掌心向外。（图 5–171）

身体略左转正对前方成左弓步，右掌向下；同时，左掌向上一同用力，形成力偶。（图 5–172）

▲ 图 5–171

▲ 图 5–172

（31）剔、凿

右手翻掌心向上并前伸，左掌从右前臂下穿过向前、向左拨开（过技）停至左身前，同时右掌变拳收至腰间。（图 5–173）

重心略前移成右弓步；同时，右拳向前冲出，拳心向下，左掌收至腰间。（图 5–174）

▲ 图 5–173

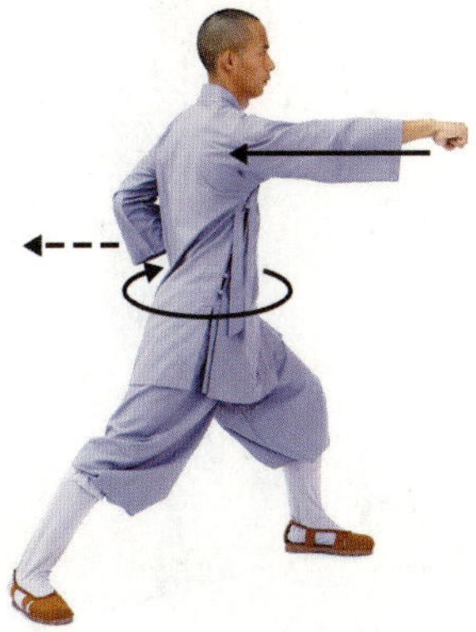

▲ 图 5–174

（32）右白马献蹄

向右转身 180° ，重心移至左腿，右拳变掌置于胸前，掌心向下，左掌向上移至身体左侧。（图 5–175）

右腿提膝，左掌移至胸前。（图 5–176）

右脚掌向斜前下踩击，力达脚掌外侧，右掌略前伸。（图 5–177）

▲ 图 5–175

▲ 图 5–176

▲ 图 5–177

（33）左白马献蹄

右脚落地，向右转身 180° ，左腿提膝，右掌移至身体右侧，左掌移至胸前。（图 5–178）

左脚掌向斜前下踩击，力达脚掌外侧。（图 5–179）

▲ 图 5–178

▲ 图 5–179

（34）牵牛过坎

左脚向后撤一步，身体左转 180° 成左偏马步，两掌随身体向斜后方划弧，高与肩平，两掌相距四拳距离。（图 5–180）

重心移至左脚，提右腿，右脚掌向前蹬击，力达脚跟。（图 5–181）

▲ 图 5–180

▲ 图 5–181

（35）冲心肘

右脚落地，重心前移成右弓步，右手变拳，右臂屈肘，左掌贴于右拳上，右肘向前顶出。（图 5–182）

▲ 图 5–182

（36）叩上

左掌压握右前臂，右拳以肘为轴，向上、向前鞭捶，力达拳峰。（图 5–183）

▲ 图 5–183

（37）卸

右脚后撤一步成双弓步，左掌向前、向上、向右、向下、向左划弧至左身前，掌心向上，右拳变掌由下向前、向上、向右、向后划弧至右胸前，翻掌心向外。（图 5-184）

身体略左转正对前方成左弓步，右掌向下；同时，左掌向上一同用力，形成力偶。（图 5-185）

▲ 图 5-184

▲ 图 5-185

（38）剔、凿

右手翻掌心向上并前伸，左掌从右前臂下穿过向前、向左拨开（过技）停至左身前；同时，右掌变拳收至腰间。（图 5-186）

重心略前移成右弓步；同时，右拳向前冲出，拳心向下，左掌收至腰间。（图 5-187）

▲ 图 5-186

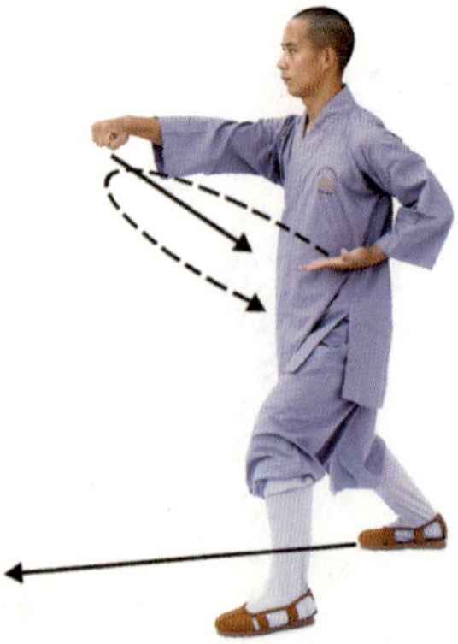

▲ 图 5-187

（39）狮子开口

右脚前进一步成双弓步，左掌从右前臂下穿过向前、向左拨开（过技）再略回收；同时，右拳变掌略收回，两掌心向斜前上，两腕相对，相距两拳距离，置于腹前。（图 5–188）

重心略前移成右弓步；同时，两掌向前击出，力达掌根，高与下颌平。（图 5–189）

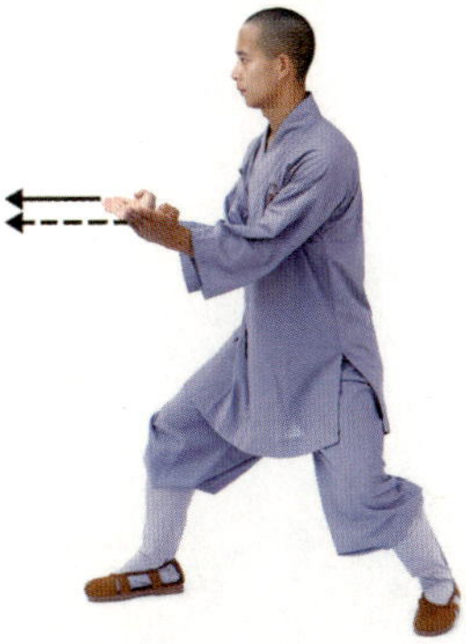

▲ 图5–188

▲ 图5–189

（40）金蝉脱壳

重心略后移成双弓步，两掌屈腕成勾手后向上提起，力达腕关节，高与口平。（图 5–190）

重心略前移成右弓步，两勾手变掌向前下击出，力达掌根。（图 5–191）

▲ 图5–190

▲ 图5–191

（41）卸

右脚后撤一步成双弓步，左掌向前、向上、向右、向下、向左划弧至左身前，掌心向上，右掌由下向前、向上、向右、向后划弧至右胸前，翻掌心向外。（图 5–192）

身体略左转正对前方成左弓步，右掌向下；同时，左掌向上一同用力，形成力偶。（图 5–193）

▲ 图 5–192

▲ 图 5–193

（42）捧技

右脚前进一步成双弓步，右掌移至胸前，屈肘 45° 左右，两掌平行，掌心斜向后，与肩同宽。（图 5–194）

▲ 图 5–194

（43）剔、凿

右掌前伸，左掌从右前臂下穿过向前、向左拨开（过技）停至左身前，同时右掌变拳收至腰间。（图 5–195）

重心略前移成右弓步；同时，右拳向前冲出，拳心向下，左掌收至腰间。（图 5–196）

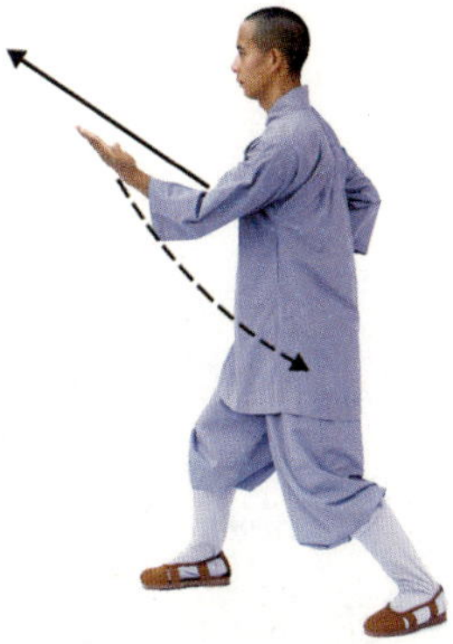
▲ 图 5–195

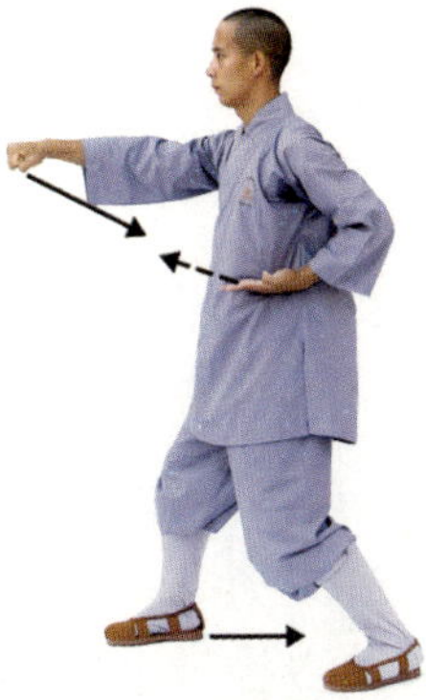
▲ 图 5–196

（44）收气归元

右脚后撤一小步与左脚平行，右拳变掌收至胸前，掌心向下，同时左掌也收至胸前。（图 5–197）

两掌变掌心向下，一同按至丹田处。（图 5–198）

两掌垂于大腿两侧；同时，左脚收回与右脚并步站立，目视前方。（图 5–199）

▲ 图 5–197

▲ 图 5–198

▲ 图 5–199

(五) 二十四步

1. 二十四步动作名称

(1) 起势(韦驮献杵)
(2) 坐山虎
(3) 劈掌入腿
(4) 骑马射箭
(5) 盘龙肘
(6) 金鸡亮翅
(7) 日月大刀
(8) 魔鬼掏心
(9) 猴子洗脸
(10) 连环肘
(11) 罗汉撞钟
(12) 左右大鹏抓爪
(13) 老鹰抓鸡仔
(14) 泰山压顶
(15) 猛虎扑地
(16) 牵牛过栏
(17) 双牛猛冲
(18) 童子翻墙
(19) 黑虎掏心
(20) 将军勒马
(21) 老汉撞墙
(22) 顺手摸瓜
(23) 罗汉穿掌
(24) 双肘铁锤
(25) 回龙护主
(26) 收势(童子拜佛)

2. 二十四步动作图解

（1）起势（韦驮献杵）

身体成立正姿势，左脚横跨一步成横裆步，右手经体侧划弧立掌于胸前；同时，左手握拳收至腰间，随后右手变拳收至腰间，左拳变掌经体前盖于右拳上，动作稍停，右脚划弧上步成右虚步；同时，左掌、右拳自腰间推出成虚步抱拳礼。（图 5-200～图 5-202）

▲ 图 5-200

▲ 图 5-201

▲ 图 5-202

（2）坐山虎

右脚向右后弧形撤一步；同时，左手弧形上格，右手收至腰间后向前冲拳，左手变拳收至腰间；同时，重心前移成左弓步。（图 5-203、图 5-204）

▲ 图 5-203

▲ 图 5-204

（3）劈掌入腿

左手向前上横切掌，右手收至腰间；同时，右脚弹踢。（图 5-205）

▲ 图 5-205

（4）骑马射箭

右脚向前落成马步；同时，左手上架，掌心向上，右手成两指向前标指，掌心向下。（图 5-206）

▲ 图 5-206

（5）盘龙肘

右脚后撤一步，右手变拳，左手盖于右拳上；同时，右臂屈肘经下向后、向上猛撞。（图 5-207）

▲ 图 5-207

（6）金鸡亮翅

左脚上步，向右转身180°，左掌变拳，右拳变掌盖于左拳上，同时左肘随转体向右横撞肘。（图 5-208）

▲ 图 5-208

（7）日月大刀

左脚侧滑一步，左拳变掌，直臂斜分掌，掌心斜向上，右手下斜切成直臂，掌心向下。（图 5-209）

▲ 图 5-209

（8）魔鬼掏心

左脚上步成左弓步，右手变拳，屈臂至胸前，左手从上向下、向上抓握至身前，拳心向内。（图 5-210）

▲ 图 5-210

（9）猴子洗脸

右脚向前、向右上步成右虚步；同时，两手顺时针划弧缠丝成钩手于身前，左手在下，右手在上，相距约三拳。（图 5-211）

▲ 图 5-211

（10）连环肘

左脚上步成左弓步；同时，右手变拳，缠绕下格，右手变拳，左肘由下向上挑肘，随后右脚上步，左手缠绕下格，右肘由下向上挑肘。（图 5-212、图 5-213）

▲ 图 5-212

▲ 图 5-213

（11）罗汉撞钟

右脚前滑步，左脚跟进成右弓步，右肘由下向上挑肘。（图 5-214）

▲ 图 5-214

（12）左右大鹏抓爪

向右转身 180° ，两臂体前盘花成展翅状，右手变掌，左手变勾手；同时，左脚侧踹，随后左脚落地，向左转身 180° ，右脚上步，在左脚右侧，脚尖点地，左手屈臂，在左肩前，右手变勾手，两臂盘花成展翅状；同时，右脚侧踹。（图 5-215 ~ 图 5-217）

▲ 图 5-215

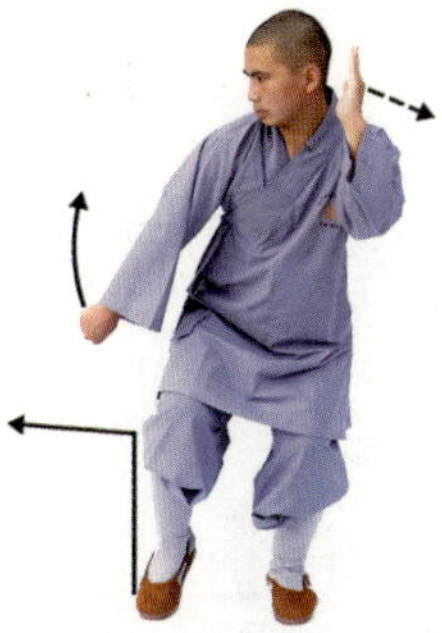

▲ 图 5-216

▲ 图 5-217

（13）老鹰抓鸡仔

右脚落地，向左转身 90° ，左手向下，右手由后向前两手直臂于体前，成前俯状，左脚直腿后撩，力达脚后跟；同时，两手经体前交叉成鹰爪，向体后侧弧形直臂抓拿。（图 5-218、图 5-219）

▲ 图 5-218

▲ 图 5-219

（14）泰山压顶

左脚落地后随即左腿提膝独立，左手屈臂弧形下压停于左膝上方，右手抱拳收至腰间。（图 5-220）

▲ 图 5-220

（15）猛虎扑地

左脚体前落步，两腿屈膝下蹲成歇步；同时，左手收至腰间，右手向前下冲拳。（图 5-221）

▲ 图 5-221

（16）牵牛过栏

起身，右脚侧跨一步成横裆步，两手在体前向右抓拉，十指回勾。（图 5-222）

▲ 图 5-222

（17）双牛猛冲

左脚上步成左弓步；同时，两手变拳，向左上方撞拳，两拳相距四拳。（图 5-223）

▲ 图 5-223

（18）童子翻墙

向右前上一步成右弓步，两手握拳于体前盘花，右拳置于右肩前，左拳置于左身前；同时，左膝上提，向右横撞膝。（图 5-224、图 5-225）

▲ 图 5-224

▲ 图 5-225

（19）黑虎掏心

左脚落地，身体顺势右转 180° 成插步亮掌势；同时，右手变勾手向后扫击，左手变掌，置于左肩前。（图 5-226）

▲ 图 5-226

（20）将军勒马

左脚上步，重心移至左脚成右虚步；同时，两手由上向下抓握成勾手。（图 5-227）

▲ 图 5-227

（21）老汉撞墙

左脚上步成左弓步；同时，左手变拳，在体前弧形下拨，右手变拳，收至胸前成左肩撞墙势。（图 5-228）

▲ 图 5-228

（22）顺手摸瓜

两脚向前滑步成左弓步；同时，左手上格，搭于右手腕处，右手向前撩击，手心向上。（图 5-229）

▲ 图 5-229

(23) 罗汉穿掌

右脚上步成右弓步；同时，右肘向左横扫，随后翻拳向前鞭打，随即右脚后撤成马步，两手握拳收至胸前并交叉，左拳在内，右拳在外。(图 5-230、图 5-231)

▲ 图 5-230

▲ 图 5-231

(24) 双肘铁锤

两肘同时向左右横撞肘，随后左右拳外翻为盖拳。(图 5-232、图 5-233)

▲ 图 5-232

▲ 图 5-233

（25）回龙护主

以左脚为轴，向右转体 270° 成左弓步；同时，左手顺势在体前立掌，右手经体前划弧外勾于身后，随后左掌收至腰间，右手向前上抄拳。（图 5-234 ~ 图 5-236）

▲ 图 5-234

▲ 图 5-235

▲ 图 5-236

（26）收势（童子拜佛）

左脚撤步成马步；同时，两手胸前合十，随后左脚并步直立，两手自然垂于体侧，成立正姿势。（图 5-237、图 5-238）

▲ 图 5-237

▲ 图 5-238

（六）犀牛

1. 犀牛动作名称

（1）起势（韦驮献杵）
（2）犀牛起角
（3）贯气丹田
（4）捧技扎马
（5）捧技
（6）右犀牛献角（一）
（7）右犀牛献角（二）
（8）右后鞭捶
（9）左犀牛献角
（10）左后鞭捶
（11）冲心肘
（12）扣上
（13）开门踢腿
（14）钟鼓齐鸣
（15）摇身甩尾
（16）转身勾拳
（17）撩阴腿
（18）冲心拳
（19）下山折竹
（20）撩阴腿
（21）单枝采柳
（22）转身砸捶
（23）右后鞭捶
（24）凤凰展翅
（25）猛虎下山
（26）犀牛摇角
（27）铁锤入石
（28）右下鞭捶
（29）右犀牛献角
（30）左下鞭捶
（31）左犀牛献角
（32）牛担锁喉
（33）跃步过溪
（34）犀牛献蹄
（35）童子拜佛
（36）收势

2. 犀牛动作图解

（1）起势（韦驮献杵）

立正站立，含胸拔背，精神集中，左脚向左开步，身体左转约 70°，成左侧弓步，左手握拳置于腰间，拳心向上，右手向上、向前、向左、向下划弧，立掌于胸前，高与肩平。（图 5-239、图 5-240）

重心移至左脚，右脚先收至左脚内侧再向前伸出，右转正对前方成右虚步，右手变拳收至腰间，拳心向上，左拳变掌向右覆盖在右拳上，随后两手一同向前推出成抱拳礼。（图 5-241）

▲ 图 5-239

▲ 图 5-240

▲ 图 5-241

（2）犀牛起角

右脚先收至左脚内侧再向右开步成马步，两手成掌回收并下按于小腹前，掌心向下。（图 5-242）

两手边交叉边翻掌心向上；同时，重心略升高，随后两手在胸前分开并向两边格开，两前臂与肩同宽，两掌与肩平。（图 5-243）

▲ 图 5-242

▲ 图 5-243

（3）贯气丹田

两掌变拳，收至腋下、肋间，拳心向上。（图 5-244）

重心略下降，两拳变掌向下按至小腹前，掌心向下。（图 5-245）

▲ 图5-244

▲ 图5-245

（4）捧技扎马

两手边交叉边翻掌心向上；同时，重心略升高，随后两手在胸前分开并向两边格开，两前臂与肩同宽，两掌与肩平。（图 5-246）

重心右移，身体右转约 90° 成右弓步，两掌变拳收至腰间，目视前方。（图 5-247）

身体左转约90°，重心略下降成马步，两拳变掌向下按至小腹前。（图5-248）

▲ 图5-246

▲ 图5-247

▲ 图5-248

（5）捧技

两手边交叉边翻掌心向上；同时，重心略升高，随后两手在胸前分开并向两边格开，两前臂与肩同宽，两掌与肩平。（图 5-249）

▲ 图 5-249

（6）右犀牛献角（一）

左脚向左后略退一小步，右脚略回收，身体左转成右虚步；同时，右手抓握回拉，拳心向内，左手抓握回拉，拳心向下。（图 5-250）

右脚向斜前方迈一小步，重心前移，身体右转成右弓步，翻右拳心向下，横肘用尺骨向斜前方击出；同时，左拳从右拳下向斜前方击出。（图 5-251）

▲ 图 5-250

▲ 图 5-251

（7）右犀牛献角（二）

重心后移，右脚回收半步，身体左转成右虚步，右前臂竖起外旋，使拳心向里，左拳变掌回收后再向右拍击右前臂。（图 5-252）

右脚向斜前方迈一小步，重心前移，身体右转成右弓步，翻右拳心向下，横肘用尺骨向斜前方击出，拳心向下；同时，左手变拳从右拳下向斜前方击出，拳心向下。（图 5-253）

▲ 图 5-252

▲ 图 5-253

（8）右后鞭捶

右脚向右迈开一小步，左脚前进一步，身体右转成左虚步，左拳变掌向上、向右、向下划弧按至左腿上方，掌心向下；同时，右拳向下、向左、向上、向右、向后划弧鞭捶打出，拳心斜向上，两手在胸前交叉（左外右内）再分开。（图 5-254）

▲ 图 5-254

（9）左犀牛献角

右前臂竖起外旋，拳心向内，左掌回收向右拍击右前臂。（图 5-255）

左脚向左斜前方迈出一小步，重心前移成左弓步，左掌变拳，掌心向下，用尺骨向左斜前方打出；同时，右拳心向下，从左拳下向左斜前方击出，拳心向下。（图 5-256）

▲ 图 5-255

▲ 图 5-256

（10）左后鞭捶

左脚向左迈开一小步，右脚前进一步，身体左转成右虚步；同时，右拳变掌向右、向上、向左、向下划弧按至右腿上方，掌心向下，左拳向下、向右、向上、向左、向后划弧鞭捶打出，拳心斜向上，两手在胸前交叉（左内右外）再分开。（图 5-257）

▲ 图 5-257

（11）冲心肘

左前臂竖起内旋，拳心向内，右掌回收向左拍击左前臂。（图 5-258）

右脚前进半步，重心前移，身体左转成右弓步，右掌变拳，右肘向前、向左横撞，左手变掌，拍击右前臂。（图 5-259）

▲ 图 5-258

▲ 图 5-259

（12）扣上

右拳变掌，以肘为圆心向前划弧鞭打，力达掌背，掌心斜向上，高与鼻平。（图 5-260）

▲ 图 5-260

（13）开门踢腿

左脚向右脚内侧并步，身体转正；同时，两掌心向内，在胸前交叉再向下、向左右格开，随后重心移至左脚，右腿提膝向前弹踢，高与腰平，力达脚尖。（图 5-261、图 5-262）

▲ 图 5-261

▲ 图 5-262

（14）钟鼓齐鸣

右脚下落，重心前移成右弓步，两掌变拳从两边向前弧形摆拳打出，拳心向外并斜向下，拳与眼高，力达拳峰。（图5-263）

▲ 图5-263

（15）摇身甩尾

身体左转约90°，重心略后移成马步，右手屈肘向前、向左横击，力达肘尖，同时左手拍击右前臂。（图5-264）

步型不变，右手以肘为圆心向下甩击，力达掌外沿。（图5-265）

▲ 图5-264

▲ 图5-265

（16）转身勾拳

右脚向左迈一小步，身体左转约90°，重心前移成左弓步，右掌变拳向前勾拳击出，拳心向上，力达拳面，左手变拳置于腰间。（图5-266）

▲ 图5-266

（17）撩阴腿

重心移至左脚，右腿提膝向前弹踢，高与腰平，力达脚尖，右拳收至腰间，左掌护于右胸前，掌心向右。（图 5-267）

▲ 图 5-267

（18）冲心拳

右脚落地，身体左转约 90° 成偏马步；同时，右拳从腰间向前直线冲出，高与胸平，力达拳面，左掌置于右上臂内侧。（图 5-268）

▲ 图 5-268

（19）下山折竹

左脚向前迈步，身体右转约 90° 成马步，右拳拉至腹前，拳心向上，左掌变拳向前、向右推压，拳心向下。（图 5-269）

身体左转 90° 左右，重心前移成左弓步，左拳向后弧形拉至腰间，拳心向上，右拳向前、向左上推压。（图 5-270）

▲ 图 5-269

▲ 图 5-270

（20）撩阴腿

重心移至左脚，右腿提膝向前弹踢，右拳收至腰间，左拳变掌护于右胸前。（图 5-271）

▲ 图 5-271

（21）单枝采柳

右脚下落，身体左转约 90° 成偏马步，右拳变掌向前插击，高与肩平，掌心向左，力达掌指。（图 5-272）

▲ 图 5-272

（22）转身砸捶

右脚经左脚前向后跨出一步，身体左转约 180° 成偏马步，左掌向左、向后划弧抓握停于左胸前，右拳向左、向上、向后、向下划弧砸捶，拳眼向右，力达拳轮。（图 5-273）

▲ 图 5-273

（23）右后鞭捶

右脚向右后方斜撤一步，重心右移，身体右转约 70° 成侧弓步，左拳变掌向上、向右、向下划弧盖掌，掌心向下；同时，右拳向下、向左、向上、向右、向后划弧与左手在胸前交叉（左外右内）后鞭拳打出，力达拳峰。（图 5-274）

▲ 图 5-274

（24）凤凰展翅

重心左移，右脚向右前跨步成马步，右前臂外旋、里合于胸前，拳心向内，左掌内合在胸前拍击右前臂。（图 5-275）

以左脚为轴，身体转过 180° 仍成马步，左掌变拳，两拳向左右分开打出，力达拳面，随即两手再内合，左掌与胸前拍击右前臂。（图 5-276）

左掌变拳，两拳同时从胸前向左右直线打出，掌心向下，力达拳面。（图 5-277）

▲ 图 5-275

▲ 图 5-276

▲ 图 5-277

（25）猛虎下山

右脚前进一步成右弓步，两拳收至腰间再向前直线打出，力达拳面，高与肩平。（图 5-278）

▲ 图 5-278

（26）犀牛摇角

重心后移，身体左转约 90° 成马步，右手屈肘向左横击，左拳变掌拍击右前臂。（图 5-279）

步型不变，右拳变掌向斜前下方甩击，力达掌刀，左掌护于右胸前。（图 5-280）

▲ 图 5-279

▲ 图 5-280

（27）铁锤入石

右脚向左横迈一小步，左脚收回再划弧向前进步（三角步），身体左转45°成双弓步；同时，右掌向前、向左在体前划弧后收至腰间，左掌掌心向上从右前臂下向右、向前、向左穿出，再翻掌十指钩握于面前。（图 5-281）

重心前移，身体左转 45°成左弓步；同时，左手拉至左胸前，拳心向前，右拳向前打出，拳心向下，力达拳面。（图 5-282）

▲ 图 5-281

▲ 图 5-282

（28）右下鞭捶

左脚向左迈一小步，身体左转 45°，右脚收至左脚内侧成丁字步，右拳收至左肋下，左拳变掌向右横拍至右脸颊，掌心向右。（图 5-283）

右脚斜上一步成偏马步，右拳向斜下横打，力达拳轮，左掌下移护于右胸前。（图 5-284）

▲ 图 5-283

▲ 图 5-284

（29）右犀牛献角

重心后移，右脚收至左脚内侧成丁字步，右手屈臂，左前臂外旋内合，左掌内合拍击右前臂。（图 5-285）

右脚斜上一步，身体右转约 45° 成右弓步，右拳拳心向下用前臂向前挤出；同时，左掌变拳，拳心向下、向前打出，力达拳面。（图 5-286）

▲ 图 5-285

▲ 图 5-286

（30）左下鞭锤

右脚向右迈一小步，身体右转 90° ，左脚收至右脚内侧成丁字步，左拳收至右肋下，右拳变掌向左横拍至左脸颊，掌心向左。（图 5-287）

左脚斜上一步成偏马步，左拳向斜下横打，力达拳轮，右掌下移护于左胸前。（图 5-288）

▲ 图 5-287

▲ 图 5-288

（31）左犀牛献角

重心后移，左脚收至右脚内侧成丁字步，左手屈臂，左前臂外旋内合，右掌内合拍击左前臂。（图 5-289）

左脚斜上一步，身体左转约 45° 成左弓步，左拳拳心向下用前臂向前挤出；同时，右掌变拳，拳心向下，向前打出，力达拳面。（图 5-290）

▲ 图 5-289

▲ 图 5-290

（32）牛担锁喉

右脚前进一步成右弓步，右拳向前、向左、向后划弧后屈肘；同时，左手抓握右手手腕处。（图 5-291）

重心后移，身体左转约 45° 成侧弓步，左手拉右手一同向后移动。（图 5-292）

▲ 图 5-291

▲ 图 5-292

（33）跃步过溪

重心移至左脚，左腿屈膝、右腿抬腿向上，左腿挺膝跳起，右拳变掌向上划弧抬起置于头顶右上方，左掌置于右胸前。（图 5-293）

右脚从左脚前跃过后落地，随之左脚落地，身体右转 90° 正对前方成右虚步，右掌掌心向内落下，勾挂至右胯前，指尖向下，左掌立于胸前。（图 5-294）

▲ 图 5-293

▲ 图 5-294

（34）犀牛献蹄

重心移至左脚，右腿提膝向前弹踢，高与肩平，力达脚尖；同时，右掌变拳向前弹出，力达拳背。（图 5-295）

▲ 图 5-295

（35）童子拜佛

右脚收回，与左脚并步站立，两手合掌于面前，高与眼平。（图 5-296）

▲ 图 5-296

（36）收势

两掌放下，自然垂于大腿两侧。（图 5-297）

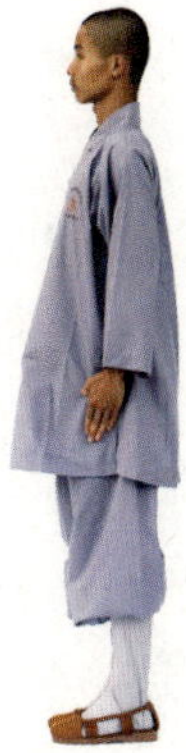

▲ 图 5-297

（七）伏魔拳

1. 伏魔拳动作名称

（1）韦驮献杵
（2）蟒蛇出洞
（3）单掌推碑
（4）铁锤入石
（5）推窗望月
（6）罗汉撞钟
（7）莲花出水
（8）倒桥偶拨
（9）借花献佛
（10）过身闸草
（11）将军脱袍
（12）剪手断枝
（13）撩阴弹腿
（14）钟鼓齐鸣
（15）退虎甩尾
（16）进身撩手
（17）下山折竹
（18）猫儿洗脸
（19）龙虾出港
（20）跃步过溪
（21）虾姑弹出
（22）螳螂击鼓
（23）青龙翻身
（24）旁敲侧击
（25）霸王开弓
（26）白马献蹄
（27）凤凰展翅
（28）牵牛过溪
（29）鹰爪锁喉
（30）观音送子
（31）过技弹出
（32）大象缠鼻
（33）弥勒献肚
（34）猿猴抱瓜
（35）双龙献寿
（36）童子拜佛

2. 伏魔拳动作图解

（1）韦驮献杵

两脚并拢，两手垂放于大腿两侧，凝神贯注，全身放松，含胸拔背，下颌略收，呼吸自然，目视前方。（图 5-298）

左脚向左分开，脚尖外撇约 45°，两脚比肩略宽成左侧弓步；同时，左手向前、向左、向后搂抓握拳，置于左腰间，拳心向上，右手向右侧斜上举过头顶，再向正前方砍下，力达掌根，立掌于体前，高与肩平。（图 5-299）

右脚先收回再前伸，前脚掌着地成右虚步；同时，右掌变拳收至腰间，拳心向上，左拳变掌，向前伸出再收至右腰处，盖于右拳上成抱拳礼，随后两手一同向前推出。（图 5-300）

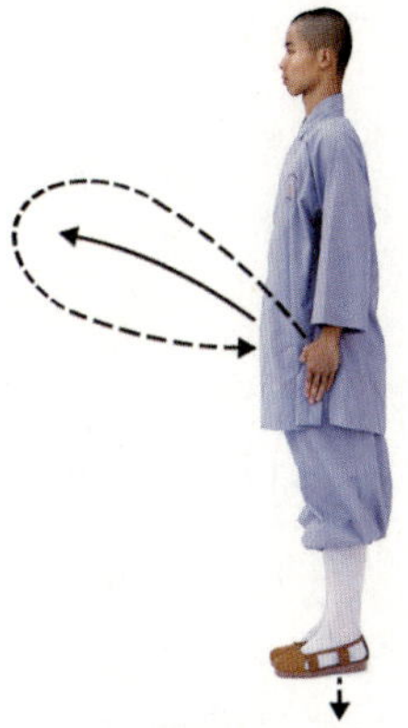
▲ 图 5-298

▲ 图 5-299

▲ 图 5-300

（2）蟒蛇出洞

右脚向前迈一小步，左脚跟进一小步；同时，右拳变掌，掌心向下向前插出，高与眼平，左掌掌心向下置于右肘内侧。（图 5-301）

▲ 图 5-301

（3）单掌推碑

左脚后撤一小步，右脚跟撤一小步，重心略后坐成右虚步；同时，右掌收回向斜下方勾挂，掌心向后，指尖向下，左掌护于腹前，掌心向右。（图 5-302）

右脚前进一小步，后脚跟进一小步；同时，右掌前推，掌心向前，左掌提起护于右肘内侧，掌心向右。（图 5-303）

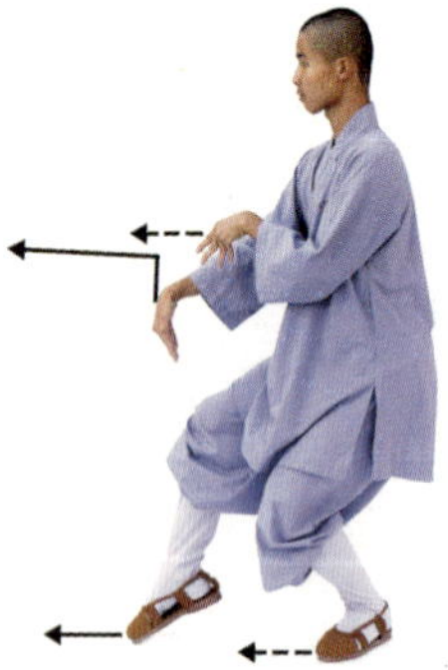

▲ 图 5-302

▲ 图 5-303

（4）铁锤入石

右脚向右分开一小步，左脚向前经右脚内侧划弧前进一步成双弓步；同时，左掌经右前臂下向前、向上、向左划弧抓拿变扣掌，掌心向前，高与肩平，右掌变拳收至腰间，拳心向上。（图 5-304）

右脚蹬地，重心前移成左弓步；同时，左扣掌回拉变拳，右拳向前打出，边打边旋转，拳心向下，高与肩平。（图 5-305）

▲ 图 5-304

▲ 图 5-305

（5）推窗望月

左脚向左分开一小步，右脚收回再向偏右约 45° 方向前伸，前脚掌着地成右虚步；同时，右拳变掌，两掌心向下沉，再翻掌心斜向上在胸前交叉（左内右外）后向两侧分开格挡。（图 5-306）

右脚向斜前进步，后脚蹬地跟进一小步成双弓步；同时，两掌向前推出，掌心向前，高与肩平，肘略屈。（图 5-307）

▲ 图 5-306

▲ 图 5-307

（6）罗汉撞钟

右脚向右分开一小步，左脚收至右脚内侧，前脚掌着地，重心在右脚，身体右转约 90°，左拳收至右肋下，右掌收至右肩前。（图 5-308）

左脚进步，右脚蹬地跟进一小步成左弓步；同时，左肘尖向斜前方顶出，右掌助推左手顶肘，手掌顶在左拳上。（图 5-309）

▲ 图 5-308

▲ 图 5-309

（7）莲花出水

左脚提起、落下，内扣约 90°，身体右转约 90°，右脚略收回，脚掌外旋脚尖着地，成右虚步；同时，右掌下落掌心向外，指尖向下，左掌在右肩处，掌心向右。（图 5–310）

左掌顺时针、右掌逆时针同时在身前划弧一周后回到原处，两掌心向前。（图 5–311）

右脚向前进步，左脚跟进一小步，重心略前移成右弓步，两掌心向前，掌指向下，一同向前推出，高于腰部。（图 5–312）

▲ 图5–310

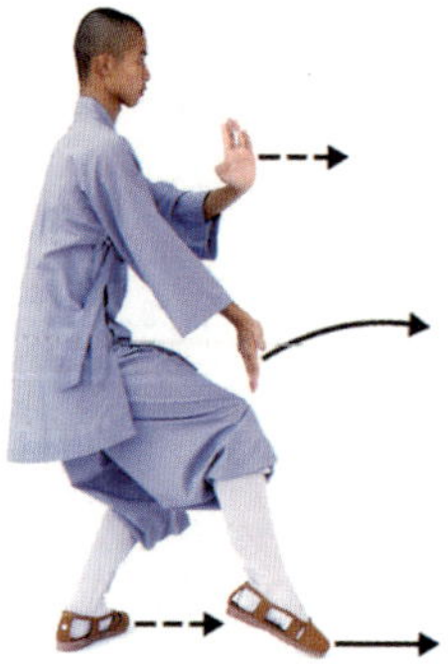

▲ 图5–311

▲ 图5–312

（8）倒桥偶拨

右脚后撤一步，然后左脚前进一步，身体右转约 180°，重心略偏右脚，右掌向外、向斜后抓拿变拳，拳心斜向下，左掌向右、向后盖握变拳，拳心向下。（图 5–313）

重心略前移，成左弓步，左手向左后带，置于左肩前，右手向前、向左使前臂向前击出。（图 5–314）

▲ 图5–313

▲ 图5–314

（9）借花献佛

左脚提起、落下，内扣约 90° ，身体右转约 180° ，右脚收回，脚尖着地成右虚步，右掌下落，掌心向左，掌指向下；左掌置于右肩前，掌心向右。（图 5-315）

左掌顺时针、右掌逆时针同时在身前划弧一周后回到原处，两掌心向前。（图 5-316）

右脚向前进步，左脚跟进一小步，重心略前移成右弓步，两掌心向前，掌指向下，一同向前推出，高于腰部。（图 5-317）

▲ 图5-315

▲ 图5-316

▲ 图5-317

（10）过身闸草

左脚斜向前进一步，右脚提起内收再向前、向右、向后划弧成马步，右手翻掌心向左在身前提起，和左掌一同向右斜后划弧抓拉变拳，重心移至左脚，身体左转约 90° 成侧弓步；同时，左拳向左肩拉，右拳用前臂向左前击出。（图 5-318）

▲ 图5-318

（11）将军脱袍

以左脚掌为轴，身体右转约 270° 成马步；同时，两手在胸前交叉，两肘抬起向两侧击出。（图 5-319）

重心略下沉，两前臂以肘为轴向两侧鞭打，拳心向内。（图 5-320）

▲ 图 5-319

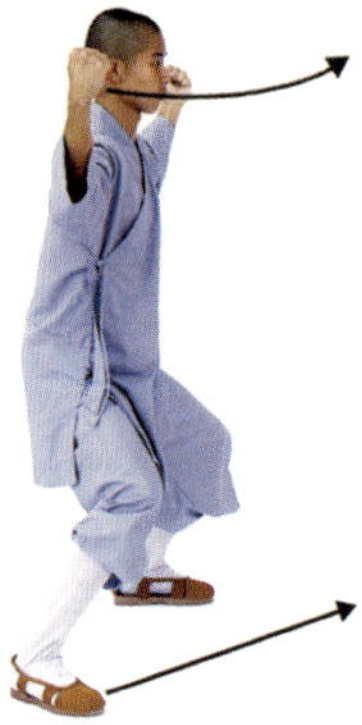

▲ 图 5-320

（12）剪手断枝

右脚上步成双弓步，身体左转约 90°，右臂屈肘约 90°，尺骨侧向左横击，左臂屈肘约 90° 向右横击，与右臂形成夹击。（图 5-321）

▲ 图 5-321

（13）撩阴弹腿

右脚后撤一步，身体右转约 180° 成偏马步，右手向下，左手向上；同时，向右后划弧，成两手向后拉态势，两手相距一前臂长度。（图 5-322）

左腿屈膝提起，小腿向前弹踢，高与胯平。（图 5-323）

▲ 图 5-322

▲ 图 5-323

（14）钟鼓齐鸣

左脚下落成左弓步，两手握拳，从两侧划弧向斜上夹击，拳眼斜向下，高与太阳穴平，力点在拳峰第一关节处。（图 5-324）

▲ 图 5-324

（15）退虎甩尾

重心右移成偏马步，右拳变掌、向后划弧，掌心向下，左拳变掌、向右后划弧，掌心向上，两掌成对拉态势，相距一前臂距离。（图 5-325）

左脚后退一步，身体左转约 135° 成双弓步，左掌翻转向下、向后划弧，右掌翻转向上、向左后划弧，两掌成对拉态势，相距一前臂距离。（图 5-326）

重心移至左脚，右腿提膝，小腿与大腿折叠后送髋向左弹踢，力达脚背，高与胯平。（图 5-327）

▲ 图 5-325

▲ 图 5-326

▲ 图 5-327

（16）进身撩手

右脚落地，随后左脚向左前方上步，右脚收至左脚内侧后向左前方进步，左掌向右、向下弧形下按至腹前，右掌收至腰间后再向前上推出，掌心向前。（图 5-328）

▲ 图5-328

（17）下山折竹

右脚后撤一步成右侧弓步，身体右转约 135°，右掌顺时针划一小圆圈翻掌握拳，随后划弧拧转至腰间，拳心向上，左掌提起再向下按压于腹前，掌心向下。（图 5-329）

重心移至左脚成左侧弓步，左掌向左上击出，高与肩平，掌心向下，掌指向右，力达掌刀，右拳变掌向左上方送出，掌心向下。（图 5-330）

▲ 图5-329

▲ 图5-330

（18）猫儿洗脸

右脚收至左脚内侧成右丁字步，身体左转约 90° ，右掌翻掌置于左肩前，掌心向内；左掌收至腰间，掌心向上。（图 5-331）

右脚顺时针划弧进步，左脚收至右脚内侧成左丁字步，身体右转约 90° ，右手向上、向右翻掌心向外、向下，随后向左划弧至腹前，掌心向上，左掌向右、向上划弧至左肩前，掌心向内。（第 1 次）（图 5-332）

左脚逆时针划弧进步，右脚收至左脚内侧成右丁字步，身体左转约 90° ，左手向上、向左翻掌，随后向下再向右划弧至腹前，掌心向上，右掌向右、向上划弧至右肩前，掌心向内。（第 2 次）（图 5-333）

▲ 图 5-331

▲ 图 5-332

▲ 图 5-333

右脚向前进步成右弓步，身体转正，右手翻掌心向前探出，左掌向前伸出至右肘内侧，掌心向上。（第 3 次）（图 5-334）

重心后移成半马步，身体略左转，两掌握拳回拉，两拳心向上。（图 5-335）

重心前移成右弓步，身体向右转正，两拳一同向前方推击，力达双臂，拳心向下。（图 5-336）

▲ 图 5-334

▲ 图 5-335

▲ 图 5-336

（19）龙虾出港

右拳变掌，以肘为轴向前弹击，掌心斜向上，左拳变掌护于右肘内侧，掌心向上。（图 5-337）

重心前移成右弓步，身体右转约 45°，左掌翻掌向前插出，力达掌指，右掌收至右胸前。（图 5-338）

身体左转约 45°，右掌翻掌向前插出，力达掌指，左掌翻掌收至左胸前。（图 5-339）

▲ 图 5-337

▲ 图 5-338

▲ 图 5-339

（20）跃步过溪

重心移至左脚，身体左转约 45°，右脚提起经左腿前向后跨出，随后左脚蹬地向上跳起，与左腿形成交叉，右掌向上提起，置于头部上方，右脚落地，身体右转约 90°，身体转正，随后左脚经右腿后侧向后落地成右虚步，右掌向下勾挂，掌心向内，力达小指一侧，左掌护于胸前，掌心向右。（图 5-340、图 5-341）

▲ 图 5-340

▲ 图 5-341

（21）虾姑弹出

右脚提膝向上踢出，力达脚背，高与腰平；同时，右手翻掌向上、向前弹击，力达掌背。（图 5-342）

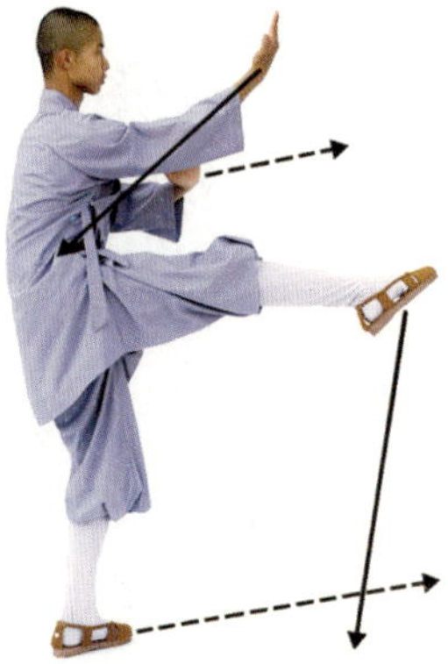
▲ 图5-342

（22）螳螂击鼓

右脚落地，左脚上步，身体右转成双弓步，右掌收至右胸前，掌心斜向左下，左掌向前、向下盖压。（图 5-343）

右脚上步，身体左转，成双弓步，右掌向前、向下盖压，左掌收至左胸前。（图 5-344）

重心前移成右弓步，左掌变拳向前直线打出；同时，右掌变拳自然收至右胸前。（图 5-345）

右拳向前直线打出，左拳自然收至左胸前。（图 5-346）

▲ 图5-343

▲ 图5-344

▲ 图5-345

▲ 图5-346

（23）青龙翻身

右脚向左横跨一小步，身体左转约180° 成左弓步，两手一起抓拿后，向上、向前、向下背投，成背摔势。（图5-347）

▲ 图5-347

（24）旁敲侧击

左脚向左横跨一小步，右脚收至左脚内侧再向右斜约45° 方向上步，成半马步，左拳变掌向右推挡，右拳向右斜下鞭打，力达拳轮。（图5-348）

重心前移成右弓步，左掌下压，右拳以右肘为轴，经左手内侧向上、向前翻打，拳心向内，力达拳背。（图5-349）

▲ 图5-348

▲ 图5-349

重心后移，身体左转约45° 成左侧弓步，右拳变掌下压，掌心向下，左手不变。（图5-350）

重心前移，身体右转约45° 成右弓步，右掌变拳向上鞭打，高与眼平，拳心向内，力达拳背。（图5-351）

▲ 图5-350

▲ 图5-351

（25）霸王开弓

右脚向右横跨一小步，左脚收至右脚内侧再向左前进步（三角步），身体右转成双弓步，左掌从右手臂下穿出，向右、向前、向左前划弧抓握成爪，掌心向前；右拳收至腰间，拳心向上。（图 5-352）

重心前移，身体左转成左弓步，左拳收至左胸前，右拳向前直线击出，力达拳面。（图 5-353）

▲图 5-352

▲图 5-353

（26）白马献蹄

身体左转约 90°，左拳心向外，右拳心向内，由拳变抓握；同时，右腿提膝用右脚刀向前下用力踩下，重心略下沉以助右脚踩力。（图 5-354）

左脚蹬地跳起，身体右转约 180°，右拳向外，向上、向后划弧，左拳变掌，右脚落地后，左脚经右脚后侧落地；同时，右腿抬膝下踹，力达脚掌外沿。（图 5-355、图 5-356）

▲图 5-354

▲图 5-355

▲图 5-356

（27）凤凰展翅

右脚落地，左脚上步与右脚并步，身体转正，两手顺时针水平划弧至胸前，两手平行，掌心斜向下，随后两手抓握一同向后、向下回拉并握拳置于两胯旁；同时，右腿提膝向上顶起，力达膝盖。（图 5–357）

右脚向前下落成右弓步，两拳向前上方同时划弧夹击，拳眼斜向下，力达拳峰和食指关节。（图 5–358）

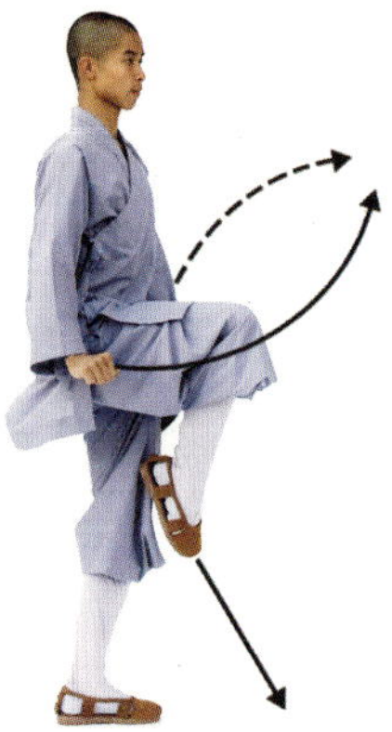

▲ 图 5–357

▲ 图 5–358

（28）牵牛过溪

右脚向右分开一小步，左脚经右脚内侧弧形上步（三角步），身体右转约 45°，成左双弓步，左拳变掌向下、向右、向上、向左逆时针划弧，右拳变掌护于右胸前。（图 5–359）

重心略后移，身体右转约 45°，两手抓握往右后侧拉，左拳心向上，右拳心向下。（图 5–360）

▲ 图 5–359

▲ 图 5–360

重心略前移，身体左转约 45° 成左弓步，左拳变掌成侧掌用掌刀向前切出，力达掌刀，右拳变掌护于左胸前。（图 5-361）

▲ 图 5-361

（29）鹰爪锁喉

右脚向左前约 45° 进步，身体左转约 90° 成右弓步，左掌下按置于右上腹前，右掌变鹰爪向前掐出，高与肩平，力达手指。（图 5-362）

▲ 图 5-362

（30）观音送子

右脚略回收，身体右转约 45° 成右虚步，右手抓握收至右腰间，拳心向上，左手向斜前上方立掌击出，力达掌根。（图 5-363）

▲ 图 5-363

（31）过技弹出

右脚斜向前进一小步，身体左转约 90°，重心略后移，身体略后倾成侧弓步，左手向后下方用掌刀砍击，右拳变掌向上格挡，掌心向内，掌指高与头平。（图 5–364）

左脚向左开一小步，右脚经左脚内侧向前划弧上步（三角步），身体左转约 90° 成左双弓步；同时，右掌向下、向前、向左、向上、向右划弧，掌心向内，中指与鼻平，肘略屈，左掌护于右肘内侧，掌心斜向下。（图 5–365）

右脚略回收，身体右转约 45°，右掌翻掌心向斜前下方，随后右手屈肘向后回收，左掌护于右肘内侧。（图 5–366）

右脚向前进一小步成右弓步，右掌略沉腕向前击出，力达掌根。（图 5–367）

▲ 图 5–364

▲ 图 5–365

▲ 图 5–366

▲ 图 5–367

（32）大象缠鼻

身体右转 180°，右脚弧形后撤成左弓步；同时，左掌变拳向上划弧置于左前上方，拳心朝外；右掌变拳向上、向后、向下划弧置于右后方，拳心朝右。（图 5–368）

重心后移，左脚收回后随即向右前方上步，身体左转约 45° 成弓步，右拳向前勾击，拳心斜向上，左拳收至左腰间，拳心向上。（图 5–369）

▲ 图5–368

▲ 图5–369

（33）弥勒献肚

右脚上步，身体左转约 45° 成右弓步，两手向前伸出后变勾手往斜后下拉，身体略前倾，低头用前额向前顶出。（图 5–370）

▲ 图5–370

（34）猿猴抱瓜

重心略后坐，双手变掌回收至腹前掐击，虎口相对，力达掌指。（图 5-371）

▲ 图 5-371

（35）双龙献寿

右脚经左脚向左侧横跨一步，右脚落地后，左脚经右脚向左横跨一步并下蹲成左仆步；同时，两掌向下拍击地面发出声音。（图 5-372）

起身，随后左脚向右侧跨步至右脚内侧并拢，左脚落地后，右脚向右侧横跨一步成马步；同时，两手屈肘收至胸前，随后双手立掌向前击出。（图 5-373）

▲ 图 5-372

▲ 图 5-373

（36）童子拜佛

左脚向右脚并拢；同时，起身立正，随后两手屈肘合十。（图 5-374）

两手下落置于大腿两侧，深呼吸，气息归元。（图 5-375）

▲ 图 5-374

▲ 图 5-375

（八）扣撩

1. 扣撩动作名称

（1）韦驮献杵
（2）扣
（3）弓
（4）斩
（5）切
（6）笑面虎
（7）五虎出山
（8）饿虎扑食
（9）神童撞钟
（10）下马回鞭
（11）乌云盖顶
（12）二龙戏珠
（13）腾云驾雾
（14）铁锤入石
（15）美人照镜
（16）扫全军
（17）五虎下山
（18）二虎出洞
（19）左右开弓
（20）犀牛照角
（21）观音落地
（22）青龙出水
（23）猛虎摆尾
（24）飞凤朝天
（25）双牛斗角
（26）鸭子汆水
（27）利刀削竹
（28）霸王推掌
（29）追云赶月
（30）顺水推舟
（31）大鹏落地
（32）猛虎下山
（33）泰山压顶
（34）下马拜佛

2. 扣撩动作图解

（1）韦驮献杵

立正站立，身正体松，精神集中，含胸拔背，左脚向左开步，身体左转约 70° 成左侧弓步，左手握拳置于腰间，拳心向上，右手向上、向前、向左、向下划弧，立掌于胸前，高与肩平。（图 5-376、图 5-377）

重心移至左脚，右脚收至左脚内侧再向前伸出，身体转正成右虚步，右掌变拳收至腰间，拳心向上，左拳变掌，向右覆盖在右拳上，随后两手一同向前推出成抱拳礼。（图 5-378）

▲ 图 5-376

▲ 图 5-377

▲ 图 5-378

（2）扣

右脚向前进步，身体左转 45° ，同时右拳下砸，拳心向内，力达拳轮，左掌置于右肩前。（图 5-379）

▲ 图 5-379

（3）弓

右拳向上、向前翻拳鞭打，力达拳峰。（图 5-380）

▲ 图5-380

（4）斩

左脚向前上步成马步；同时，左手从右拳下穿出向前标掌。（图 5-381）

▲ 图5-381

（5）切

右脚向前进步成双弓步；同时，右手翻掌，两掌心斜向下切向对方腘窝，重心略下沉。（图 5-382）

▲ 图5-382

（6）笑面虎

右脚后撤一步；同时，右手变勾手，向下划弧，左脚略收回成左虚步；同时，左手握拳屈臂做内格挡。（图 5-383）

▲ 图 5-383

（7）五虎出山

右脚上步成双弓步，左手向下格挡并收至腰间；同时，右手向上抄拳。（图 5-384）

▲ 图 5-384

（8）饿虎扑食

右脚垫步向前跳后下蹲；同时，两臂依次抡臂内格于腹前。（图 5-385）

▲ 图 5-385

（9）神童撞钟

右脚向前进步成右弓步；同时，两拳向右上方横击，右拳在上、左拳在下，两拳相距一拳距离。（图5-386）

▲ 图5-386

（10）下马回鞭

右脚后撤一步成左弓步；同时，左手过技后架于身前，右手向下、向后砍掌。（图5-387）

▲ 图5-387

（11）乌云盖顶

右脚略向后滑步，身体右转成右虚步；同时，左手向上、向前下下压，右手收至腰间，掌心向下。（图5-388）

▲ 图5-388

（12）二龙戏珠

右脚略前滑步成右弓步，右手变双指，经左手上方向前标出，左手翻掌心向下至腹前。（图 5-389）

▲ 图 5-389

（13）腾云驾雾

重心下沉，右脚向左脚盖步，向左转身 360°，两臂在体前划弧；同时，接右旋风腿，左手拍击右脚。（图 5-390 ~ 图 5-392）

▲ 图 5-390

▲ 图 5-391

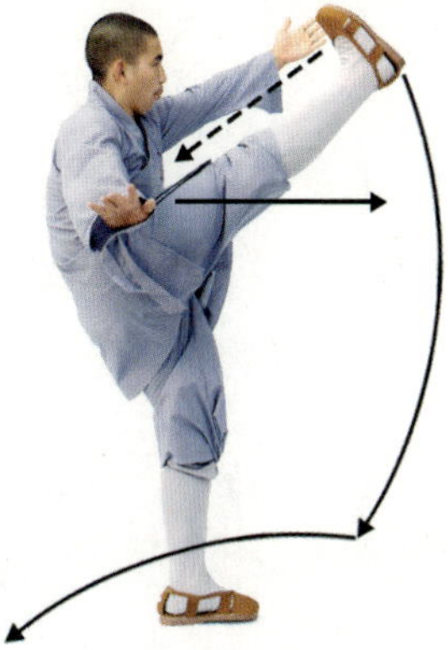

▲ 图 5-392

（14）铁锤入石

右脚向后划弧落步，成左弓步；同时，左手过技并收至腰间，右拳收至腰间后再向前冲拳，拳心向下。（图 5-393）

▲ 图 5-393

（15）美人照镜

右脚进一步，两脚连续两次向前滑步；同时，两手逆时针在体前一同划弧两圈后向上双叉掌。（图 5-394、图 5-395）

▲ 图 5-394

▲ 图 5-395

（16）扫全军

两手头上左盘花；同时，右腿向左扫堂腿一圈后成仆步，左手置于左肩前，右手置于右膝前。（图 5-396、图 5-397）

▲ 图 5-396

▲ 图 5-397

（17）五虎下山

起身，两手上下交叉抱拳，左拳在脸前、右拳置于腹前；接着右腿钩脚上提，成独立势后向前弹腿。（图 5-398）

▲ 图 5-398

（18）二虎出洞

右脚落步，左脚上步成双弓步，身体右转 180°；同时，右手外格挡，左手前冲拳，右脚上步成右双弓步；同时，左手外格挡，右手前冲拳。（图 5-399、图 5-400）

▲ 图 5-399

▲ 图 5-400

（19）左右开弓

左手向下勾格后收至腰间；同时，身体左转 90° 成右弓步，右手在胸前握拳前格，左脚盖步；同时，身体向右转身成左横裆步，右手格挡后收至腰间，左拳在胸前前格。（图 5-401、图 5-402）

▲ 图 5-401

▲ 图 5-402

（20）犀牛照角

右脚盖步成双弓步，左手向外勾格于胸前；同时，右手横拳击打，左脚盖步，成双弓步，右手向外勾格于胸前；同时，左手横拳击打。（图 5-403、图 5-404）

▲ 图 5-403

▲ 图 5-404

（21）观音落地

左脚后撤并下蹲成右丁字步；同时，两臂体前盘花，右臂下砍，左手护于右肩前。（图 5-405、图 5-406）

▲ 图 5-405

▲ 图 5-406

（22）青龙出水

右脚上步成弓步，左手下格至腹前，右手变双指向斜上方击出。（图 5-407）

▲ 图 5-407

（23）猛虎摆尾

左脚向后横扫半圈，身体左转成右弓步；同时，两手在胸前外格划弧格挡成双虎爪。（图 5-408）

▲ 图 5-408

（24）飞凤朝天

重心下沉，带动两手交叉外格并抓拿下拉，起身，右脚弹踢，高与腹平。（图 5-409）

▲ 图 5-409

（25）双牛斗角

右脚向后落步成左弓步，两手收至腰间后向前推出，两掌心斜相对。（图 5-410）

▲ 图 5-410

（26）鸭子氽水

右脚上步成右弓步，两臂在体前握拳并屈臂左格挡；左脚上步，两臂在体前握拳并屈臂右格挡，随后向前双推掌成双弓步。（图 5-411 ~ 图 5-413）

▲ 图5-411

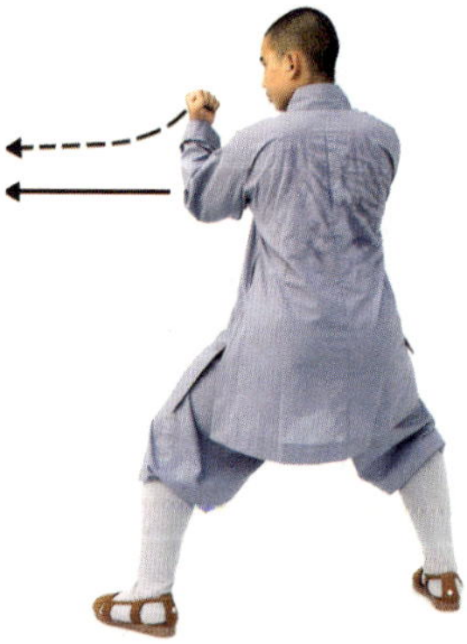

▲ 图5-412

▲ 图5-413

（27）利刀削竹

左脚横跨一步，两手体前盘花，右掌斜下切，左掌置于左肩前；同时，右腿提膝横踢腿。（图 5-414、图 5-415）

▲ 图5-414

▲ 图5-415

（28）霸王推掌

右脚落步后左脚上步成左弓步；同时，两手在胸前向下、向前划弧推出。（图 5–416）

▲ 图 5–416

（29）追云赶月

右脚向外弧形上半步；同时，左手外勾格挡后收至腰间抱拳，右手屈臂向左内格挡。（图 5–417）

▲ 图 5–417

（30）顺水推舟

右脚落步两脚向前滑步成右弓步；同时，两手向前推掌。（图 5–418）

▲ 图 5–418

（31）大鹏落地

身体向左转 90°，左脚收至右脚内侧，重心下沉成左丁字步；同时，两臂成大鹏展翅状，左手置于头上方，右手置于身后。（图 5-419）

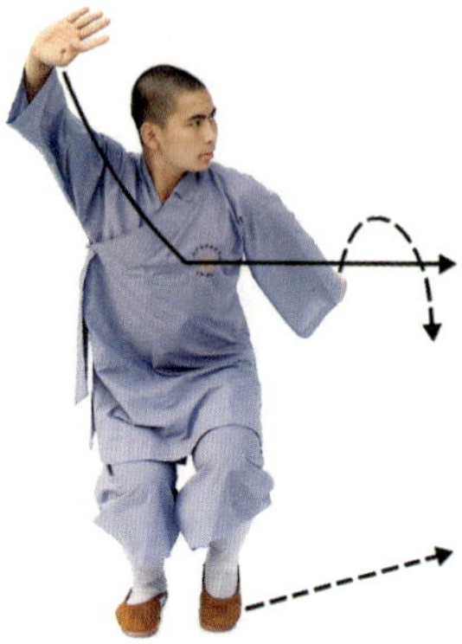
▲ 图 5-419

（32）猛虎下山

身体继续左转 90°，左脚向前进一步成左弓步，右手向下、向前轮臂下格至身前，左手抱掌于腰间；同时，右腿提膝弹踢腿，左手收至腰间。（图 5-420、图 5-421）

▲ 图 5-420

▲ 图 5-421

（33）泰山压顶

右脚落步并向前滑步，两手自上向下抓拉后双掌前压。（图 5-422）

▲ 图 5-422

（34）下马拜佛

右脚后撤，与左脚平行，与肩同宽，身体转正，两手向上在体前合掌成马步合十收势。（图 5-423）

▲ 图 5-423

（九）四门

1. 四门动作名称

（1）起势
（2）韦驮献杵
（3）关公捋须
（4）右弓步双弹掌
（5）右弓步双推掌
（6）左弓步双推掌
（7）右弓步双推掌
（8）右弓步鞭拳
（9）左剔右插
（10）转身左斩手
（11）左下勾右上插
（12）左剔右插
（13）左剔右斩
（14）右下勾左上插
（15）转身左右插掌
（16）过技右铲腿
（17）右弓步右冲拳
（18）过技左铲腿
（19）左下勾右上插
（20）过技右铲腿
（21）左下勾右上插
（22）左剔右插
（23）转身右上架左勾拳
（24）进步左上架右勾拳
（25）左剔右直拳
（26）进步左上架右勾拳
（27）进步右上架左勾拳
（28）右剔左直拳
（29）左转身双推掌
（30）左转身双推掌
（31）右转身双推掌
（32）过技右蹬腿
（33）右弓步双推掌
（34）右弓步右鞭拳
（35）左弓步右贯拳
（36）左弓步左鞭拳
（37）右弓步左贯拳
（38）左压右直拳
（39）右压左拨
（40）左压右拨
（41）双捋左铲腿
（42）双捋右铲腿
（43）歇步右直拳
（44）歇步左推掌
（45）左搂右勾拳
（46）垫步右直拳
（47）转身鞭拳弹腿
（48）收气归元

2. 四门动作图解

（1）起势

立正站立，全身放松，两眼平视前方，精神集中，左脚向左分开一小步成开立步。（图 5-424、图 5-425）

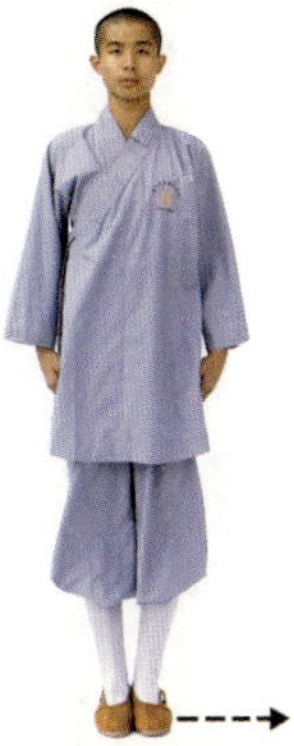

▲ 图 5-424

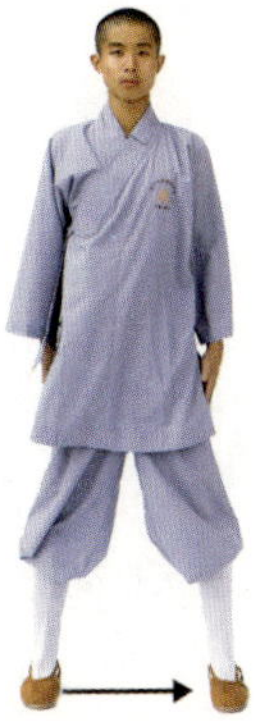

▲ 图 5-425

（2）韦驮献杵

右脚收回，脚尖着地；同时，右手握拳上提至腰间，拳心向下，右掌贴于右拳上。（图 5-426）

右脚向前迈一小步成右虚步；同时，右拳、左掌一同向前推出，高与肩平，成抱拳礼。（图 5-427）

▲ 图 5-426

▲ 图 5-427

（3）关公捋须

右脚收回后再向右分开成开立步；同时，右拳变掌与左掌一同收至胸前。（图 5-428）

两手掌心向下，下按至小腹前，气沉丹田。（图 5-429）

▲ 图 5-428

▲ 图 5-429

（4）右弓步双弹掌

身体右转成双弓步；同时，两掌向右伸出，右手略前，掌心向左，左手略后，掌心向右，高与肩平。（图 5-430）

右脚略收回，身体左转成右虚步；同时，两掌收至腰间，掌心相贴。（图 5-431）

右脚向前进步成右弓步；同时，两手向前弹出，掌心向后，力达掌背。（图 5-432）

▲ 图 5-430

▲ 图 5-431

▲ 图 5-432

(5) **右弓步双推掌**

右脚略收回成右虚步；同时，右手屈腕、屈肘收回外挂，掌心向内，高与腹平，左掌附于右前臂内侧。（图 5-433）

右脚略前进一小步成右弓步；同时，两手立掌向前推出，力达掌根，高与胸平。（图 5-434）

▲ 图 5-433

▲ 图 5-434

(6) **左弓步双推掌**

身体左转成右侧弓步；同时，左掌向左划弧外挂，掌心向下置于身体左侧，右掌收至右肩上，掌心向左。（图 5-435）

左脚略收回，身体左转成左虚步；同时，左掌顺时针环绕一周后屈腕、屈肘外挂，掌心向内，高与腹平，右掌护于左前臂内侧。（图 5-436）

左脚略前进一小步成左弓步；同时，两手立掌向前推出，力达掌根，高与胸平。（图 5-437）

▲ 图 5-435

▲ 图 5-436

▲ 图 5-437

（7）右弓步双推掌

左脚向左侧后撤一小步，身体左转成左侧弓步；同时，右掌向右下划弧外挂，掌心向下置于身体右侧，左掌收至左肩上，掌心向左。（图 5-438）

右脚略收回，身体右转成右虚步；同时，右掌逆时针环绕一周后屈腕、屈肘外挂，掌心向内，高与腹平，左掌附于右前臂内侧。（图 5-439）

右脚略前进一小步成右弓步；同时，两手立掌向前推出，力达掌根，高与胸平。（图 5-440）

▲ 图 5-438

▲ 图 5-439

▲ 图 5-440

（8）右弓步鞭拳

重心下沉成马步，左掌向前、向下盖压；同时，右掌变拳，向下、向后、向前鞭拳打出，力达拳峰，高与眼平。（图 5-441）

▲ 图 5-441

（9）左剔右插

左脚上步，身体略左转成双弓步；同时，左手过技剔出，置于身前，掌心向内，右拳变掌收至腰间。（图 5-442）

重心前移成左弓步，左掌收至腰间；同时，右掌向前插出，高与眼平，力达指尖。（图 5-443）

▲ 图 5-442

▲ 图 5-443

（10）转身左斩手

左脚向右横跨一小步，身体右转成右弓步；同时，右掌随转身向右划弧搂抓后置于腰间，左手握拳随转身向右横打，力达前臂。（图 5-444）

▲ 图 5-444

（11）左下勾右上插

左拳变掌，向右、向下、向左屈腕划弧向外勾挂收至腰间；同时，右掌从腰间向前插出，力达指尖，高与眼平。（图 5-445）

▲ 图 5-445

（12）左剔右插

左脚进步，身体略右转成双弓步；同时，左手过技剔出，置于身前，掌心向内，右手收至腰间。（图 5-446）

右脚蹬地，身体略左转成左弓步；同时，左手收至腰间，右掌向前插出，力达指尖，高与眼平。（图 5-447）

▲ 图 5-446

▲ 图 5-447

（13）左剔右斩

左手过技剔出后向左、向后搂抓收至腰间；同时，右手握拳屈肘向左横打，力达前臂，高与胸平。（图 5-448）

▲ 图 5-448

（14）右下勾左上插

步型不变，右拳变掌向左、向下、向右屈腕划弧向外勾挂；同时，左掌向前插出，掌心向下，力达指尖，高与眼平。（图 5-449）

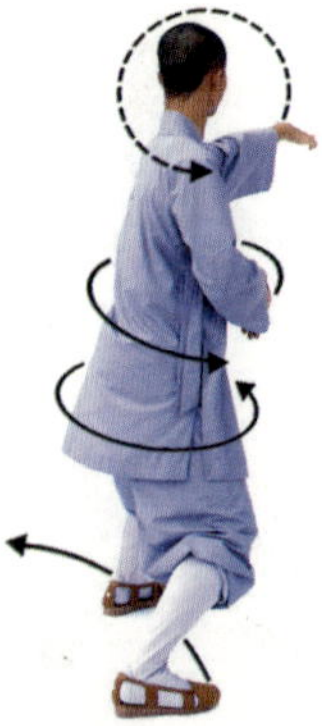

▲ 图 5-449

（15）转身左右插掌

身体左转 180°，左掌划弧至左肩前，掌心向右，右掌收于腰间，掌心向上。（图 5-450）

步型不变，右掌向前插出，掌心向下；同时，左掌收至腰间，掌心向上。（图 5-451）

右掌收至腰间；同时，左掌向前插出，掌心向下。（图 5-452）

▲ 图 5-450

▲ 图 5-451

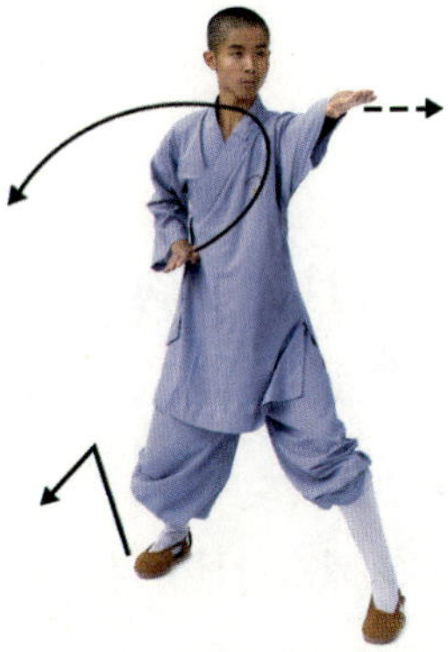

▲ 图 5-452

（16）过技右铲腿

右手过技后置于身前，左手向右后引捋至左肩前，掌心斜向上；同时，重心移至左脚，提右腿向前铲踢，力达脚掌外侧。（图 5-453）

▲ 图 5-453

（17）右弓步右冲拳

右脚落地成右弓步，右掌变拳，向前直线打出，高于胸平，拳心向下；同时，左掌向前推出，掌心向前，高与胸平。（图 5-454）

▲ 图 5-454

（18）过技左铲腿

左手过技后，两手向左后引捋；同时，重心移至右脚，身体略右转，提左腿向前铲踢，力达脚掌外侧。（图 5-455）

▲ 图 5-455

（19）左下勾右上插

左脚落地成左弓步；同时，左手向右、向下、向左划弧向外勾挂置于腰间，右掌向前插出，掌心向下，高与眼平。（图 5-456）

▲ 图 5-456

（20）过技右铲腿

右手过技后置于身前，左手向右后引捋至左肩前，掌心斜向上；同时，重心移至左脚，提右腿向前铲踢，力达脚掌外侧。（图 5–457）

▲ 图 5–457

（21）左下勾右上插

右脚落地成右弓步；左掌向右、向下、向左屈腕划弧向外勾挂至腰间；同时，右掌向前插出，力达指尖，高与眼平。（图 5–458）

▲ 图 5–458

（22）左剔右插

左脚进步，身体略右转成双弓步；同时，左手过技剔出，右手收至腰间。（图 5–459）

右脚蹬地，身体略左转成左弓步；同时，左手收至腰间，右掌向前插出，力达指尖，高与眼平。（图 5–460）

▲ 图 5–459

▲ 图 5–460

（23）转身右上架左勾拳

左脚向右前方进步，身体右转 180° 成右弓步；同时，右手握拳上架于额前上方，掌心斜向下，左掌变拳，向前、向上勾拳打出，拳心向上。（图 5-461）

▲ 图 5-461

（24）进步左上架右勾拳

两脚向前滑步，身体略左转；同时，左拳上架于额前上方，拳心斜向上，右拳向下、向前、向上勾拳打出，拳心向上。（图 5-462）

▲ 图 5-462

（25）左剔右直拳

左脚向前进步，身体略右转成双弓步；同时，左手过技剔出，置于左肩前，掌心向内，右手收至腰间。（图 5-463）

右脚蹬地，身体略左转成左弓步；同时，右拳向前打出，力达拳面，高与胸平，左手收至腰间。（图 5-464）

▲ 图 5-463

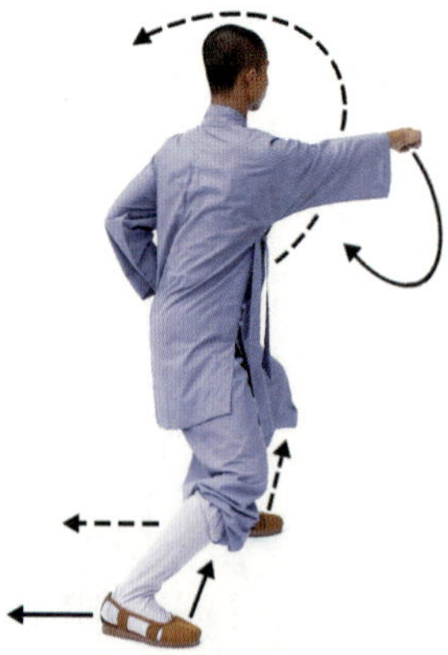

▲ 图 5-464

（26）进步左上架右勾拳

两脚向前滑步，身体左转成左弓步；同时，左拳上架于额前上方，拳心斜向上，右拳向下、向前、向上勾拳打出，拳心向上。（图 5-465）

▲ 图 5-465

（27）进步右上架左勾拳

两脚向前滑步，身体略右转；同时，右手握拳上架于额前上方，拳心向外，左拳向前、向上勾拳打出，拳心向上。（图 5-466）

▲ 图 5-466

（28）右剔左直拳

右脚进步，身体左转成双弓步；同时，右手过技剔出，置于右肩前，掌心向内，左拳收至腰间。（图 5-467）

左脚蹬地，身体略右转成右弓步；同时，左拳向前直拳打出，右掌收至腰间。（图 5-468）

▲ 图 5-467

▲ 图 5-468

（29）左转身双推掌

右脚向左迈一小步，身体左转 180° ，成双弓步；同时，左拳变掌，两掌随转身划弧至胸前，屈肘沉腕立掌，与肩同宽。（图 5–469）

右腿蹬地成左弓步；同时，两掌向前插出，掌心向下，高与下颌平。(图 5–470)

▲ 图 5–469

▲ 图 5–470

（30）左转身双推掌

右脚向前迈一小步，身体左转 90° ，重心略后移、下降成双弓步；同时，两掌随转身划弧至胸前，屈肘沉腕立掌，与肩同宽。（图 5–471）

右脚蹬地，重心略前移、升高成左弓步；同时，两掌向前插出，掌心向下，高与下颌平。(图 5–472)

▲ 图 5–471

▲ 图 5–472

（31）右转身双推掌

左脚向右迈一小步，身体右转 180°，重心略后移、下沉成双弓步；同时，两掌随转身划弧至胸前，屈肘沉腕立掌，与肩同宽。（图 5-473）

左脚蹬地，重心略前移、升高成右弓步；同时，两掌向前插出，掌心向下，高与下颌平。(图 5-474)

▲ 图 5-473

▲ 图 5-474

（32）过技右蹬腿

左手过技剔出，置于左肩前，掌心向外，重心移至左腿；同时，提右脚向前踢出。（图 5-475）

▲ 图 5-475

（33）右弓步双推掌

右脚落地成右弓步；同时，两掌向前推出，掌心向前，高与胸平。（图 5-476）

▲ 图 5-476

（34）右弓步右鞭拳

右脚向右迈步，身体右转 90° 成右弓步；同时，左掌向上、向前、向下盖压，右掌变拳，从左臂内侧向上、向前鞭打，力达拳背。（图 5-477）

▲ 图 5-477

（35）左弓步右贯拳

左脚进步，身体略右转成左弓步；同时，左掌向上、向前、向下盖压，右拳向下、向右、向上、向前、向左贯拳打出，拳眼斜向下，高与眼平。（图 5-478）

▲ 图 5-478

（36）左弓步左鞭拳

左脚向左迈步，身体左转 90° 成左弓步；同时，右拳变掌，向前、向下盖压，左掌变拳，从右臂内侧向上、向前鞭打，拳心向上，力达拳峰。（图 5-479）

▲ 图 5-479

（37）右弓步左贯拳

右脚进步，身体左转成右弓步；同时，右掌向上、向前、向下盖压，左拳向下、向左、向上、向前、向右贯拳打出，拳眼斜向下，高与眼平。（图 5-480）

▲ 图 5-480

（38）左压右直拳

右脚向右迈步，身体右转 90° 成双弓步；同时，左拳变掌置于腰间，掌心向下，右掌随转体置于右肩前，掌心向上。（图 5-481）

两脚向前滑步；同时，左掌向上、向前、向下盖压，右掌变拳，略收回后再向前打出，拳眼向上（图 5-482）

▲ 图 5-481

▲ 图 5-482

（39）右压左拨

右脚向后撤步，左脚向右进步，身体右转 90° 成双弓步；同时，右拳变掌，随转身向上、向右、向下划弧下压，左掌随转身向上、向前、向左拨开。（图 5–483）

▲ 图 5–483

（40）左压右拨

左脚后撤步，右脚前进步成双弓步；同时，左掌下压，掌心向下，右掌向上向前、向右拨开，掌心向内。（图 5–484）

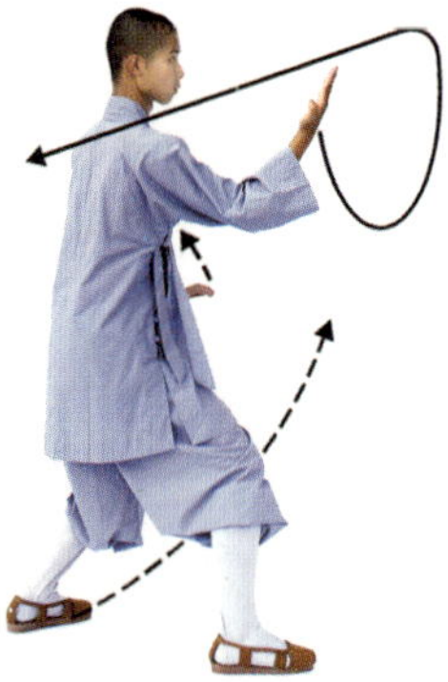

▲ 图 5–484

（41）双捋左铲腿

重心移至右脚；同时，右手过技后，两手向右、向后捋，左手置于身前，掌心向上，右手置于右肩前，掌心向外，提左脚向前铲踢。（图 5–485）

▲ 图 5–485

（42）双捋右铲腿

左脚落地，重心移至左脚；同时，左手过技后，两手向左、向后捋，左手置于左肩前，掌心向下，右手置于身前，掌心向上，提右脚向前铲踢。（图 5–486）

▲ 图 5–486

（43）歇步右直拳

右脚向左落地，身体左转，左脚盖步于右脚前，重心下降成歇步；同时，右掌变拳，向下、向左划弧，左掌向下、向右拍打右前臂。（图 5–487）

身体略右转，右拳向右直线打出，拳眼向上，左掌护于右肩前。（图 5–488）

▲ 图 5–487

▲ 图 5–488

（44）歇步左推掌

身体略左转，左掌向前推出，右拳向后拉至腰间。（图 5–489）

▲ 图 5–489

（45）左搂右勾拳

两腿站起，身体右转成右弓步；同时，左手随转体向左、向下搂抓再向前、向上勾拳打出。（图 5–490）

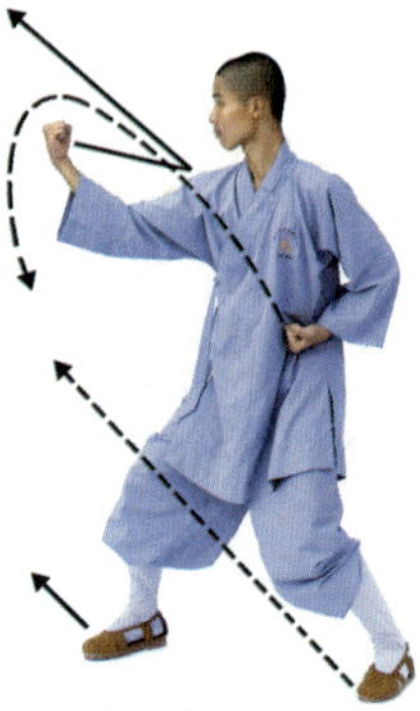

▲ 图 5–490

（46）垫步右直拳

左脚起跳，落地后成左弓步；同时，右拳收回腰间后再向前直线打出，拳心向下，左拳收至腰间。（图 5–491、图 5–492）

▲ 图 5–491

▲ 图 5–492

（47）转身鞭拳弹腿

左脚向右迈步，右转身 180° 成双弓步；同时，右拳变掌，随转体划弧立掌于体前，左手置于腰间。（图 5–493）

重心移至左脚，提右脚向前、向上弹踢，高与腰平；同时，左掌向上、向前、向下压，右掌变拳，向上、向前鞭拳打出，拳心斜向上，高与鼻平。（图 5–494）

▲ 图 5–493

▲ 图 5–494

（48）收气归元

右脚落地成右虚步；同时，右拳收至胸前，左掌覆盖于右拳上。（图 5-495）

右脚收回再向右分开成开立步；同时，两手收至胸前成俯掌。（图 5-496）

两掌下按至小腹前。（图 5-497）

左脚收回，两脚并拢，两手垂于体侧，自然站立。（图 5-498）

▲ 图5-495

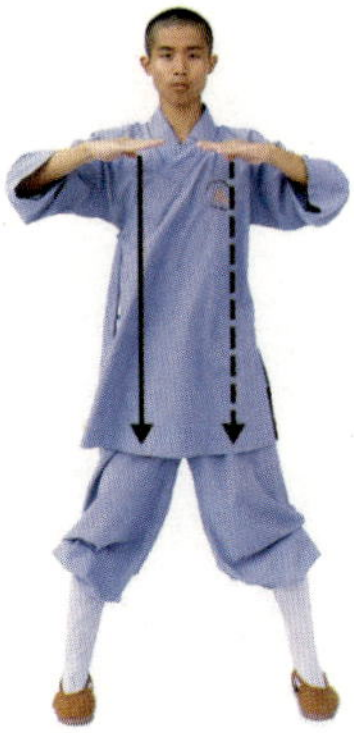

▲ 图5-496

▲ 图5-497

▲ 图5-498

（十）韦驮拳

1. 韦驮拳动作名称

（1）韦驮献杵
（2）老鹰展翅
（3）回撕击喉
（4）推门见山
（5）单掌推碑
（6）金鸡独立
（7）猿猴摘桃
（8）老鹰扑翅
（9）右老鹰劈翅
（10）右打圈弹抖
（11）右提掌切喉
（12）翻身扑兔
（13）独立锁喉
（14）回撕镖脚
（15）双插血池
（16）左老鹰劈翅
（17）左打圈弹抖
（18）左提掌切喉
（19）白蛇吐信
（20）右劈翅切喉
（21）上撕下弹
（22）锁喉插掌
（23）独立顶膝
（24）冲心肘
（25）出爪探珠
（26）水蛙入洞
（27）双龙吐须
（28）右老鹰劈翅
（29）羊哥献角
（30）鞭锤破瓜
（31）马步推掌
（32）提膝横撞
（33）下山折竹
（34）老鹰入林
（35）左老鹰劈翅
（36）拨草寻蛇
（37）回头望月
（38）翻身连击
（39）顺手牵羊
（40）勾脚横踹
（41）上步顶膝
（42）冲心肘
（43）出爪探珠
（44）右盖肘
（45）左横撞肘
（46）犀牛献角
（47）童子拜观音
（48）收势

2. 韦驮拳动作图解

（1）韦驮献杵

两脚并步立正，眼视前方，精神集中，左脚向左横跨一步成左侧弓步，身体略左转；同时，右掌向上、向前、向左划弧，立掌于胸前，指尖高与鼻平，掌心向左，左掌变拳，收至腰间。（图 5-499、图 5-500）

右脚向左收回再向前伸出成右虚步；同时，右掌变拳，拳心向上收回置于腰间，左拳变掌，向前、向右、向后覆盖于右拳上，两手一同向上、向前推出，高与肩平成抱拳礼。（图 5-501）

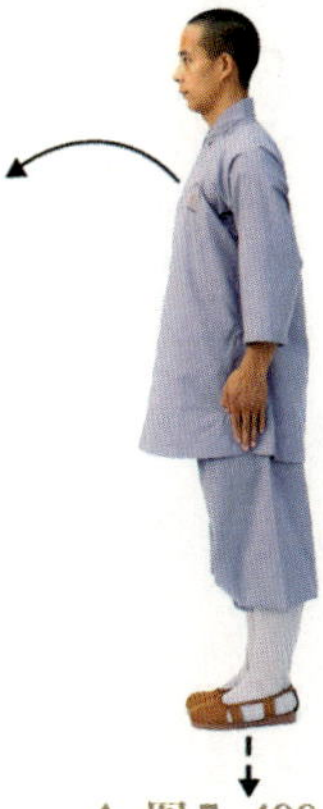
▲ 图 5-499

▲ 图 5-500

▲ 图 5-501

（2）老鹰展翅

左脚向前进一大步，右脚随即向前滑至左脚内侧，脚尖着地成右丁字步，重心略下降；同时，两手变鹰爪向上、向左右、向下分开，高与肩平，掌心向下。（图 5-502）

身体略左转再右转；同时，两爪变掌，收至胸前交叉后再向两侧推出，掌心向外，连续做 3 次，速度逐渐加快。（图 5-503）

▲ 图 5-502

▲ 图 5-503

（3）回撕击喉

右脚向前迈步，身体略左转成右弓步；同时，右掌变爪向上、向前、向下拍击，左掌变爪护于右上臂内侧。（图 5–504）

重心后移，右脚略收回成右虚步；同时，右爪撕回后再向前击出，力达指节，高与肩平。（图 5–505）

▲ 图 5–504

▲ 图 5–505

（4）推门见山

右脚收回后再向右分开成马步；同时，两爪变掌，向后、向下按压于腹前，掌心向下。（图 5–506）

右脚向前迈步成右弓步；同时，两掌一同向上、向前推出，力达掌根，高与肩平。（图 5–507）

▲ 图 5–506

▲ 图 5–507

（5）单掌推碑

两掌收至胸前后，右掌向前推出，掌心向前，左掌护于右肘内侧。（图 5–508）

▲ 图 5–508

（6）金鸡独立

左脚上一步，右脚提膝成左独立步；同时，两掌变爪向左右撕开，掌心向外。（图 5–509）

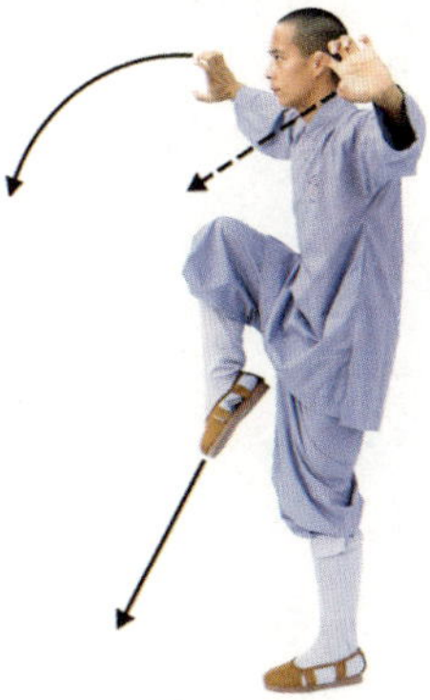

▲ 图 5–509

（7）猿猴摘桃

右脚向前落地成右弓步；同时，右爪向上、向前、向下拍击，高与肩平，左爪护于右前臂内侧。（图 5–510）

重心略下降，右爪向后、向下、向前，边划弧边翻掌心向上掏抓。（图 5–511）

▲ 图 5–510

▲ 图 5–511

（8）老鹰扑翅

右脚向右横跨一小步，身体右转，左脚提起成右独立步；同时，两爪向上、向左右分开，掌心向下，高与肩平。（图 5-512）

左脚向斜前落地成左弓步；同时，两爪变掌，向上、向前、向下拍击，掌心向下，高与肩平。（图 5-513）

▲ 图5-512

▲ 图5-513

（9）右老鹰劈翅

左脚向左横跨一小步，右脚向前进一步，身体左转成右虚步；同时，右掌从左往右横砍，力达掌根，左掌护于右臂内侧。（图 5-514）

▲ 图5-514

（10）右打圈弹抖

左脚后撤一小步，随后右脚收至左脚前成丁字步；同时，右掌在体前逆时针划一圆圈后，收回与左掌交叉于胸前，掌心均向内。（图 5-515）

右脚向前进步成右弓步；同时，右掌向前弹抖击出，力达掌指外侧，左掌护于右臂内侧。（图 5-516）

▲ 图 5-515

▲ 图 5-516

身体略右转；同时，左掌向前、向下切压，力达掌根，左掌收于腰间。（图 5-517）

身体略左转；同时，右掌向前弹抖击出，力达掌指外侧，左掌护于右臂内侧。（图 5-518）

▲ 图 5-517

▲ 图 5-518

（11）右提掌切喉

重心略后坐再向前移成右弓步；同时，右掌向上、向后提起，再向前、向下砍切，力达掌根。（图 5–519）

▲ 图5–519

（12）翻身扑兔

两脚蹬地跳起；同时，身体左转 180°，两脚落地成马步；同时，右掌变爪随转身向上、向前、向下划弧拍击，左掌变爪划弧后护于右上臂内侧。（图 5–520）

▲ 图5–520

（13）独立锁喉

重心后移，右脚提膝成左独立步；同时，右爪向上、向后划弧，掌心斜向上，置于头顶后上方，左爪向前叉出，虎口向前，高与肩平。（图 5–521）

▲ 图5–521

（14）回撕镖脚

右脚向前落地，身体略左转成右弓步；同时，右爪向前、向下拍击，高与肩平，左爪护于右上臂内侧。（图 5-522）

左脚前迈一步，停于右脚跟后，右脚提膝弹踢，力达脚尖；同时，两爪向左右撕开，掌心向外。（图 5-523）

▲ 图 5-522

▲ 图 5-523

（15）双插血池

右脚向前落地成右弓步；同时，两爪向前、向下插击，高与腹平，力达指节，掌心向下。（图 5-524）

▲ 图 5-524

（16）左老鹰劈翅

右脚向右横跨一小步，向右转身，左脚向前进步成左虚步；同时，左爪变掌，从右向左横砍，右掌护于左手内侧。（图 5-525）

▲ 图 5-525

（17）左打圈弹抖

右脚后撤一小步，左脚收至右脚前成丁字步；同时，左掌在体前顺时针划一圆圈后，收回与右掌交叉与胸前，掌心均向内。（图 5–526）

左脚向前进步成左弓步；同时，左掌向前弹抖击出，力达掌指外侧，右拳护于右臂内侧。（图 5–527）

▲ 图 5–526

▲ 图 5–527

身体略左转，右掌向前、向下切压，力达掌根，左掌护右肩前。（图 5–528）

身体略右转，左掌向前弹抖击出，力达掌指外侧，右掌护于左臂内侧。（图 5–529）

▲ 图 5–528

▲ 图 5–529

（18）左提掌切喉

重心略后坐，再向前移成左弓步；同时，左掌向上、向后提起，再向前、向下砍切，力达掌根。（图 5-530）

▲ 图 5-530

（19）白蛇吐信

右脚向前进步，身体左转成右弓步；同时，两手叉掌于腹前，左外右内。（图 5-531）

身体略右转，左掌向上、向前切出，力达掌根，高与肩平，掌心向下；同时，右掌收至右胸前。（图 5-532）

身体略左转，右掌向前切出，力达掌根，高与肩平，掌心向下；同时，左掌收至左胸前。（图 5-533）

▲ 图 5-531

▲ 图 5-532

▲ 图 5-533

（20）右劈翅切喉

右脚收至左脚边，身体略左转成右丁字步；同时，右手屈臂内收横格，力达前臂，掌心向内；同时，左掌置于右上臂内侧。（图 5-534）

右脚向前迈步，身体略右转成右弓步；同时，右手掌由左向前、向右砍击，掌心向下，力达掌根。（图 5-535）

▲ 图 5-534

▲ 图 5-535

（21）上撕下弹

右手略抬高，右手掌变爪，向下撕扯至腹前，随后右爪变掌向前弹击，力达掌指外侧。（图 5-536、图 5-537）

▲ 图 5-536

▲ 图 5-537

（22）锁喉插掌

身体向左转 180°，左脚略收回成左虚步；同时，左掌变爪，随转身向前伸出，高与肩平，掌心向下，右掌变爪护于左臂内侧。（图 5-538）

左脚前进一小步，身体略左转成左弓步；同时，左爪向后、向下压至腹前，指节向右，右爪向前叉出，虎口向前，高与肩平。（图 5-539）

身体略右转，右爪回拉至左臂内侧；同时，左指节向前插出，高与胸平。（图 5-540）

▲ 图 5-538

▲ 图 5-539

▲ 图 5-540

（23）独立顶膝

右爪向前伸出，随后重心前移，右腿提膝向前顶出，高与腹平；同时，两爪一起向后、向下抓回，置于胯旁。（图 5-541）

▲ 图 5-541

（24）冲心肘

右脚落地，身体略左转成右弓步；同时，右爪变掌抬高，右肘向前顶出，高与胸平，左手护于右臂内侧。（图 5-542）

▲ 图 5-542

（25）出爪探珠

右掌变爪，向前插出，高与眼平 。（图 5-543）

▲ 图 5-543

（26）水蛙入洞

左爪前伸，随后左脚前进一步，身体略右转成左弓步；两爪一同向后、向下抓回；同时，低头用前额向前顶出。（图 5-544）

▲ 图 5-544

（27）双龙吐须

步型不变，两爪均变二指；同时，向前插出，高与眼平。（图 5-545）

▲ 图 5-545

（28）右老鹰劈翅

左脚向左横跨一小步，右脚向前进一步，身体左转成右虚步；同时，右掌从左往右横砍，力达掌根，左掌护于右臂内侧。（图 5-546）

▲ 图 5-546

（29）羊哥献角

身体向右转 180°，右脚后撤一步成右弓步；同时，右手握拳屈肘，左掌覆盖于右拳面上，一同向前顶出，高与胸平。（图 5-547）

▲ 图 5-547

（30）鞭锤破瓜

右拳向上、向前、向下鞭打，力达拳峰，左掌掌心向上，贴于右肘下。（图 5-548）

▲ 图 5-548

（31）马步推掌

左脚前进一步，身体右转成马步；同时，左掌变爪，向前推出，力达掌根，右拳收至腰间。（图 5-549）

▲ 图 5-549

（32）提膝横撞

重心前移，身体略左转成左独立步，提右膝向左横撞；同时，右手变爪，两爪由左向右撕拉。（图 5-550）

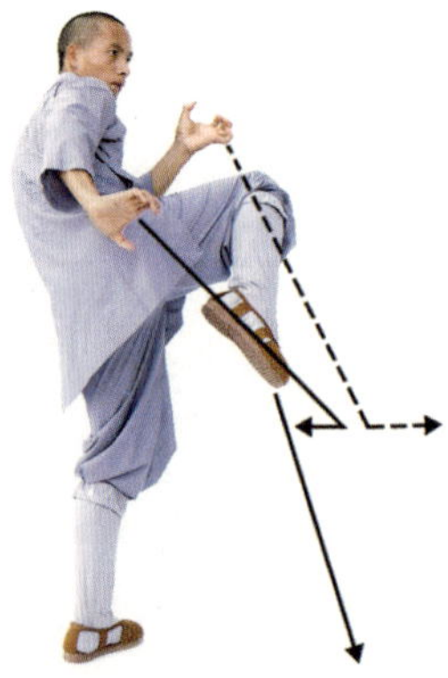

▲ 图 5-550

（33）下山折竹

右脚向前落地，身体略右转成右跪步；同时，右爪向后拉至腰间，左爪向前推。（图 5-551）

▲ 图 5-551

（34）老鹰入林

左脚向左横跨一步，身体略左转成左跪步；同时，两爪向上、向左右分开，高与肩平。（图 5-552）

▲ 图 5-552

（35）左老鹰劈翅

右脚向右横跨一小步，身体右转，左脚向前迈步成左虚步；同时，左爪变掌、由右向左横砍，右爪变掌护于左臂内侧，掌心均向下。（图 5-553）

▲ 图 5-553

（36）拨草寻蛇

向右转身 180°，重心后移成右虚步；同时，两掌随转身置于体前，掌心斜向上。（图 5-554）

左脚上步，身体略右转成双弓步；同时，左掌向上、向前、向左划弧，右掌收至腰间。（图 5-555）

▲ 图 5-554

▲ 图 5-555

右脚上步，身体略左转成双弓步；同时，右掌向上、向前、向右划弧，左掌收至腰间。（图 5-556）

左脚上步，身体右转成左弓步；同时，左掌上架，掌心向前，身体略左转；右掌收至腰间后再向前推出。（图 5-557）

▲ 图 5-556

▲ 图 5-557

（37）回头望月

左脚蹬地跳起，右脚向前跃步落地后身体左转，随后左脚向右脚后插步；同时，右掌变爪向下掏裆，掌心向上，左掌变爪护于右肩前。（图 5-558）

▲ 图5-558

（38）翻身连击

身体向左转 180° 成马步，左爪随转体由上往下拍击，右爪收至右肩前。（图 5-559）

右脚蹬地成左弓步，左爪收至腰间，右爪由上往下拍击。（图 5-560）

重心后移，身体略右转成马步；同时，右爪收至腰间，左爪向前推出。（图 5-561）

▲ 图5-559

▲ 图5-560

▲ 图5-561

（39）顺手牵羊

重心移至左脚，身体右转 90°，提右腿成左独立步；同时，两爪向左右分开，高与肩平。（图 5-562）

右脚落地，身体略右转成右双弓步；同时，两爪在体前从左向右斜后拉带。（图 5-563）

左脚上步，身体略左转成左双弓步；同时，两爪在体前从右向左斜后拉带。（图 5-564）

▲ 图 5-562

▲ 图 5-563

▲ 图 5-564

（40）勾脚横踹

重心移至左脚，身体略左转；同时，右脚向右、向前、向左划弧勾起，同时，两爪在胸前交叉。（图 5-565）

右脚向前踹出，高与腰平，力达脚底；同时，两爪向两侧推出，高与肩平，掌心向外。（图 5-566）

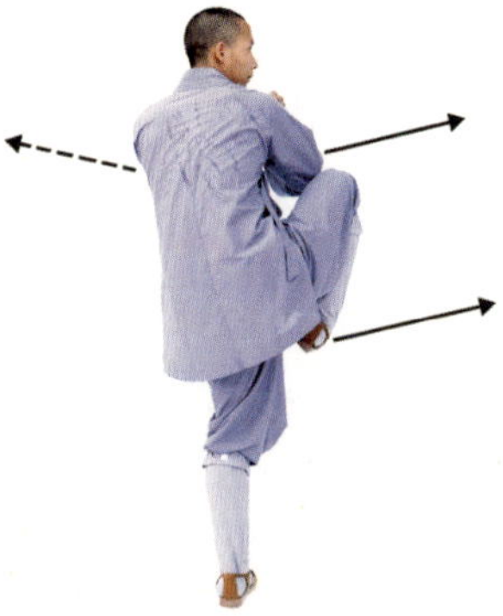

▲ 图 5-565

▲ 图 5-566

（41）上步顶膝

右脚落地，身体略右转，左脚提膝向前顶起；同时，两爪从前向后、向下撕回，掌心向下，高与腰平。（图 5-567）

▲ 图 5-567

（42）冲心肘

左脚落地，身体略右转成双弓步；同时，左爪变掌向上提起，屈肘向前顶出，右爪变掌护于左臂内侧。（图 5-568）

▲ 图 5-568

（43）出爪探珠

重心略前移成左弓步；同时，左掌变爪向前插出，高与眼平。（图 5-569）

▲ 图 5-569

（44）右盖肘

身体左转，右脚脚跟提起转踝关节；同时，右肘由上向下盖击，身体略前俯，高与胸平。（图 5-570）

▲ 图 5-570

（45）左横撞肘

身体右转，左肘向前横击，右掌覆于左拳外侧。（图 5-571）

▲ 图 5-571

（46）犀牛献角

右脚上步，落于左脚边，身体左转 180° 成右丁字步；同时，右手屈臂内收横格，力达前臂，掌心向斜后；同时，左拳变掌护于右上臂内侧。（图 5-572）

右脚向前横跨一步成马步；同时，右肘向前顶出，高与肩平，左掌覆于右拳外侧。（图 5-573）

▲ 图 5-572

▲ 图 5-573

（47）童子拜观音

身体左转 90°，左脚收回与右脚并步站立；两手合掌于体前，高与肩平。（图 5–574）

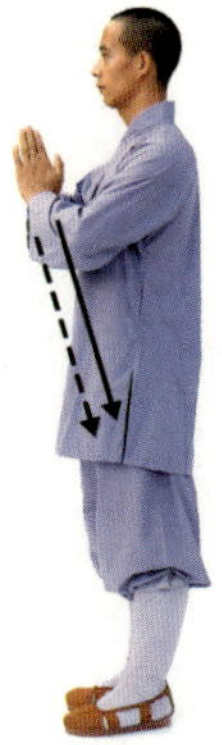

▲ 图5–574

（48）收势

两手自然下落，垂于大腿外侧。（图 5–575）

▲ 图5–575

六 精选器械类

（一）板凳拳

1. 板凳拳动作名称

（1）将军挂印
（2）大鹏展翅
（3）金刚捣锥
（4）霸王举鼎
（5）左弓步撩凳
（6）右铲腿
（7）右拦凳
（8）蟒蛇翻身
（9）左右撞凳
（10）后转身拦凳
（11）上挑前撞
（12）右跪步拦凳
（13）左跪步拦凳
（14）右弓步挑凳
（15）左弓步撩凳
（16）马步架凳
（17）右弓步撞凳
（18）蛟龙翻身
（19）蛟龙入洞
（20）左右退步压凳
（21）转身撞凳
（22）左右拦凳
（23）下压前撞
（24）后跃步架凳
（25）下压上挑前撞
（26）左转身下压
（27）上挑前撞
（28）翻身压凳
（29）左弓步撞凳
（30）插步撞凳
（31）独立拦凳
（32）上步撞凳
（33）后转身抡凳
（34）上步砸凳
（35）退步压凳
（36）左虚步拦凳
（37）退步压凳
（38）盖凳前撞
（39）左右拦凳
（40）架凳蹬腿
（41）压凳前撞
（42）退步落凳
（43）收气归元

2. 板凳拳动作图解

（1）将军挂印

板凳横放于体前，立正站立，两眼平视前方，精神集中，随后，左脚向左横开一小步。（图 6-1、图 6-2）

右脚收回后再向前迈一小步成右虚步；同时，右手握拳置于胸前，左掌贴于右拳边上，一起向前推出，高与肩平成抱拳礼。（图 6-3）

▲ 图 6-1

▲ 图 6-2

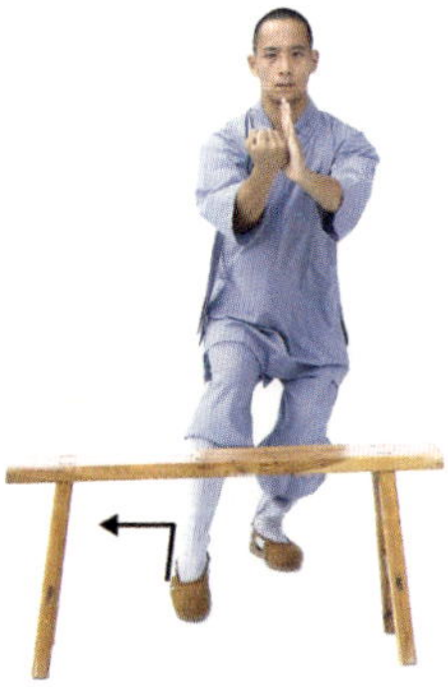
▲ 图 6-3

（2）大鹏展翅

右脚后撤再分开成开步，右拳变掌与左掌一起向下按至丹田处。（图 6-4）

提右脚，右转身 90° ；同时，两掌在胸前交叉，掌心向内。（图 6-5）

右脚向右落步后蹲下成右仆步；同时，两掌左右分开，右掌高与耳平，左掌高与肩平。（图 6-6）

▲ 图 6-4

▲ 图 6-5

▲ 图 6-6

（3）金刚捣锥

起身右脚收回成并步站立；同时，两掌变拳置于腰间。（图 6–7）

左脚向前迈一小步，身体左转 90° 成跪步；同时，右拳砸在板凳面上，力达拳轮上。（图 6–8）

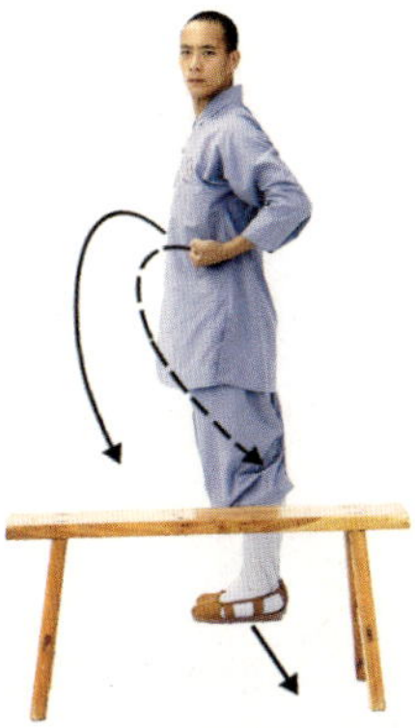

▲ 图 6–7

▲ 图 6–8

（4）霸王举鼎

右脚向前迈一小步，下蹲；同时，两手握住凳脚。（图 6–9）

向上站起；同时，两手上举架凳，高过头顶。（图 6–10）

▲ 图 6–9

▲ 图 6–10

（5）左弓步撩凳

重心下降，两腿下蹲；同时，两手下拉，使板凳下落，凳板贴靠地面。（图 6-11）

左脚向左迈一小步成左弓步；同时，左手向后、向下拉，右手向左、向上推，使板凳前端向左、向上撩起。（图 6-12）

▲ 图6-11

▲ 图6-12

（6）右铲腿

重心移至左脚，身体略左转；同时，提右腿向前铲踢，力达脚掌外侧。（图 6-13）

▲ 图6-13

（7）右拦凳

右脚落地，身体右转成马步；同时，右手向右、向下拉，左手向上、向前、向右推，使板凳向右拦出。（图 6–14）

▲ 图6–14

（8）蟒蛇翻身

身体左转；同时，左手向下、向后拉，右手向上、向后推。（图 6–15）

右脚提起，随身体左转约 270°；同时，左手继续向后、向上拉，右手向后、向下推。（图 6–16）

转至左脚在前、右脚在后，左手向后、向下拉，右手向上、向前推，使板凳后端向前劈出。（图 6–17）

▲ 图6–15

▲ 图6–16

▲ 图6–17

（9）左右撞凳

重心后移，右脚略收回成右虚步；同时，右手回拉，使凳身贴于左腰间。（图 6-18）

右脚向前迈一小步成右弓步；同时，两手一起前推，使板凳前端向前撞出。（图 6-19）

▲ 图6-18

▲ 图6-19

重心移至右脚，身体左转，左脚略回收成左虚步；同时，两手回拉，使板凳身贴于右腰。（图 6-20）

左脚向前迈一小步成左弓步；同时，两手一起向前推，使板凳前端向前撞出。（图 6-21）

▲ 图6-20

▲ 图6-21

（10）后转身拦凳

左手向后、向下拉，右手向前、向上推，身体略左转。（图 6-22）

左手向后、向上拉，右手向后推；同时，抬右脚，向左转身。（图 6-23）

右脚向右落步成左双弓步；同时，左手向后拉，右手向前、向下推，身体左转，使板凳向身体左侧拦出。（图 6-24）

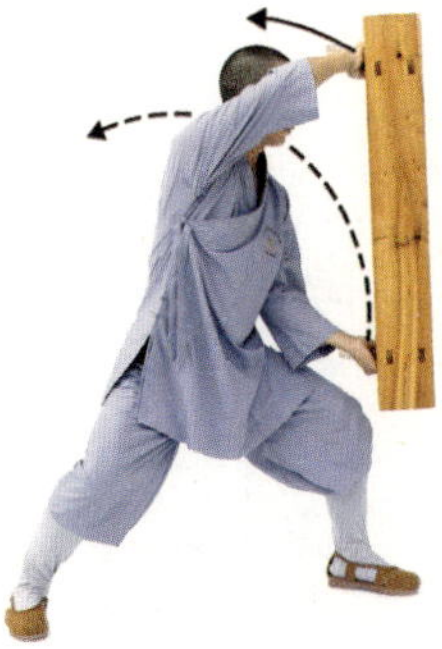

▲ 图6-22

▲ 图6-23

▲ 图6-24

（11）上挑前撞

右脚向前进步成双弓步；同时，右手向前、向上推，左手向后拉，使板凳前端向上挑起。（图 6-25）

右脚向前迈一小步成右弓步；同时，两手一起向前推，使板凳向前撞出。（图 6-26）

▲ 图6-25

▲ 图6-26

（12）右跪步拦凳

右脚后撤一步，身体右转，重心下降成右跪步；同时，右手向后拉，左手向后、向下推，使板凳向右拦。（图 6-27）

▲ 图6-27

（13）左跪步拦凳

略起身，身体左转，重心下降成左跪步；同时，右手向后、向上拉，左手向后、向下推，使板凳向左拦出。（图 6-28）

▲ 图6-28

（14）右弓步挑凳

起身，右脚向前迈一步成右弓步；同时，右手上拉，左手下压，使板凳前端向上挑起。（图 6-29）

▲ 图6-29

（15）左弓步撩凳

左脚向前迈一步，身体右转成左弓步；同时，右手后拉，左手向下、向前、向上推，使板凳向前、向上撩起。（图 6-30）

▲ 图6-30

（16）马步架凳

左脚后撤一步成马步；同时，左手后拉，使板凳横置于胸前。（图 6-31）

两手一起用力上举，使板凳向上架起。（图 6-32）

▲ 图6-31

▲ 图6-32

（17）右弓步撞凳

右脚向左前进一步，身体左转成右虚步；同时，左手下拉，右手向前、向下压，使板凳前端下压。（图 6-33）

右脚向前迈一小步成右弓步；同时，两手一起用力向前推，使板凳向前撞出。（图 6-34）

▲ 图6-33

▲ 图6-34

（18）蛟龙翻身

右脚向左上步，身体左转成右虚步；同时，右手向上、向后拉，随即向下压，使板凳前端下压。（图 6-35）

左脚向前迈步，身体右转成左虚步；同时，右手向后、向下拉，左手向上、向前推，随即向下压，使板凳前端下压。（图 6-36）

左脚向前迈一小步成左弓步；同时，两手一起用力向前推，使板凳前端向前撞出。（图 6-37）

▲ 图6-35

▲ 图6-36

▲ 图6-37

（19）蛟龙入洞

右脚向前迈步，身体左转成双弓步；同时，左手向后、向下拉，右手向上、向前推，使板凳向左拦。（图 6-38）

身体左转一周，右脚在左脚后方落地成双弓步；同时，左手后拉，右手向后、向下推，使凳身贴于右腰间。（图 6-39）

左脚向前迈一小步成左弓步；同时，两手一起用力向前推，使板凳前端向前撞出。（图 6-40）

▲ 图6-38

▲ 图6-39

▲ 图6-40

（20）左右退步压凳

左脚后撤一步成双弓步；同时，左手后拉，右手向上、向前推，随即向下压，使板凳前端下压。（图 6-41）

右脚后撤一步成双弓步；同时，右手后拉，左手向上、向前推，随即向下压，使板凳前端下压。（图 6-42）

左脚后撤一步成双弓步；同时，左手后拉，右手向上、向前推，随即向下压，使板凳前端下压。（图 6-43）

▲ 图6-41

▲ 图6-42

▲ 图6-43

（21）转身撞凳

身体右转，右脚向后退一步成右弓步；同时，两手一起用力前推，使板凳向前撞出。（图 6-44）

▲ 图6-44

（22）左右拦凳

左脚向左迈步成左双弓步；同时，右手上拉，左手前推，使板凳在身体左侧拦出。（图 6–45）

重心略右移，身体右转成右双弓步；同时，右手向后、向下拉，左手向后、向上、向右推，使板凳向身体右侧拦出。（图 6–46）

▲ 图6–45

▲ 图6–46

（23）下压前撞

右脚向前迈步，身体左转成双弓步；同时，左手下拉，右手向上、向左推，随即向下压，使板凳前端向下压。（图 6–47）

右脚向前迈一小步成右弓步；同时，两手一起用力向前推，使板凳前端向前撞出。（图 6–48）

▲ 图6–47

▲ 图6–48

（24）后跃步架凳

两脚同时蹬地向上、向后跳起。（图 6-49）

两脚落地后成左侧弓步；同时，两手上举，使板凳斜架在头顶上方。（图 6-50）

▲ 图6-49

▲ 图6-50

（25）下压上挑前撞

两手同时下压，使板凳前端在身前下压。（图 6-51）

左脚前进一步，身体右转成左双弓步；同时，右手后拉，左手向前、向上推，使板凳前端向上挑起。（图 6-52）

▲ 图6-51

▲ 图6-52

左脚略回收，重心后移成左虚步；同时，两手略后拉，使板凳略收回，贴于右腰间。（图 6-53）

左脚向前迈一小步成左弓步；同时，两手一起用力向前推，使板凳向前撞出。（图 6-54）

▲ 图6-53

▲ 图6-54

（26）左转身下压

提右脚，左转身成左独立步；同时，左手向后拉，右手向上、向前推，使板凳向左拦出。（图 6–55）

右脚向右落步成左侧弓步；同时，右手向下、向左压凳，使板凳后端向前下压。（图 6–56）

▲ 图6–55

▲ 图6–56

（27）上挑前撞

左脚进步，身体右转成左弓步；同时，右手后拉，左手向下、向前、向上推，使板凳前端向前挑起。（图 6–57）

左脚略回收成左虚步；同时，两手收回，使板凳贴于右腰间。（图 6–58）

左脚向前迈一小步成左弓步；同时，两手一起用力向前推，使板凳向前撞出。（图 6–59）

▲ 图6–57

▲ 图6–58

▲ 图6–59

（28）翻身压凳

重心移至右脚，身体右转成右弓步；同时，右手后拉，左手前推，使板凳向右侧拦出。（图 6–60）

提左脚，身体右转；随后右脚蹬地跳起，身体右转 360°；同时，两手上举，使板凳举至头顶上方。（图 6–61）

左右脚相继落地后蹲下；同时，两手下压，使板凳向下压至地面。（图 6–62）

▲ 图6–60

▲ 图6–61

▲ 图6–62

（29）左弓步撞凳

起身，略左转，左脚向左迈步成双弓步；同时，两手上提，使板凳贴于右腰间。（图 6–63）

左脚向左迈一小步，两手一起用力向前推，使板凳向前撞出。（图 6–64）

▲ 图6–63

▲ 图6–64

（30）插步撞凳

左脚向后插步；同时，两手一起用力向后、向下拉，使板凳向后、向下撞出。（图 6-65）

▲ 图6-65

（31）独立拦凳

左脚向左迈步，身体左转，提右脚成左独立步；同时，两手上举，使板凳在头顶上方左侧斜架。（图 6-66）

▲ 图6-66

（32）上步撞凳

右脚向左落步成插步；同时，两手下拉，使板凳贴于右腰间。（图 6-67）

左脚向前进步成左弓步；同时，两手一起前推，使板凳向前撞出。（图 6-68）

▲ 图6-67

▲ 图6-68

（33）后转身抡凳

右脚弧形环绕步一周，重心移至右脚，身体左转，右手换握凳前段成右弓步，身体左转发力，重心移至左脚，成左弓步，两手一起用力向下、向左扫击。（图 6-69、图 6-70）

▲ 图6-69

▲ 图6-70

（34）上步砸凳

右脚向前进步，重心移至左脚成右虚步；同时，两手一起上举，使板凳前端向上架起。（图 6-71）

右脚向前迈一小步成右双弓步；同时，左手拉、右手压，使凳脚向前向下砸击。（图 6-72）

▲ 图6-71

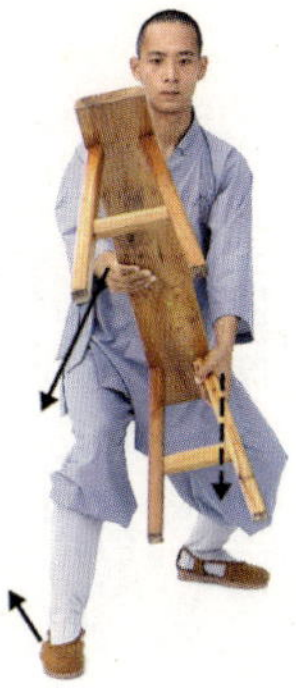

▲ 图6-72

（35）退步压凳

右脚后撤一步，重心下降，两腿下蹲；同时，两手换成握凳脚，随后一起下压，使板凳向下压。（图 6-73）

▲ 图6-73

（36）左虚步拦凳

起身，重心移至右脚成左虚步；同时，右手向上、向左上拉，左手向下、向右推，使板凳向右拦出。（图 6-74）

▲ 图6-74

（37）退步压凳

左脚向左后撤一步成左弓步；同时，左手向上拉，右手向下压，使板凳前端向下压。（图 6-75）

▲ 图6-75

（38）盖凳前撞

左脚向前进步，向右转身成左虚步；同时，右手后拉，左手向上、向前推，随即向下压，使板凳向前、向下盖。（图 6-76）

左脚向前迈一小步成左弓步；同时，两手一起用力向前推，使板凳前端向前撞出。（图 6-77）

▲ 图6-76

▲ 图6-77

（39）左右拦凳

左脚略收回，重心下降，两腿下蹲；同时，右手下压、左手后拉，使板凳在身体右侧拦出。（图 6-78）

左手向左、向下拉，右手向上、向左推，使板凳向身体左侧拦出。（图 6-79）

▲ 图6-78

▲ 图6-79

（40）架凳蹬腿

右脚前进一步成右弓步；同时，右手下压拉、左手上举，凳身向前推击，随后提左脚向前弹击。（图 6-80、图 6-81）

▲ 图6-80

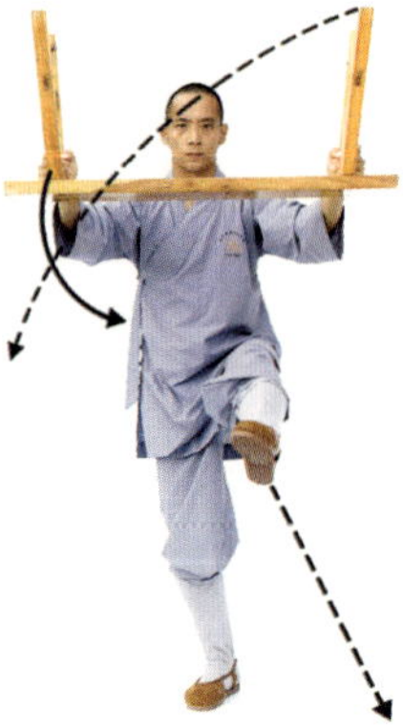

▲ 图6-81

（41）压凳前撞

左脚落地成左虚步；同时，右手下拉，左手向前、向下压，使板凳前端下压。（图 6-82）

左脚向前迈一小步成左弓步；同时，两手一起用力向前推，使板凳前端向前撞出。（图 6-83）

▲ 图6-82

▲ 图6-83

（42）退步落凳

左脚后撤一小步成左虚步；同时，左手上举，右手换成握凳身后和左手一起上举，使板凳在头顶上方。（图 6-84）

重心下降，左脚后撤一步，两腿下蹲；同时，两手下拉，使凳脚落于地面上；右手按于板凳上，左手上举。（图 6-85）

▲ 图6-84

▲ 图6-85

（43）收气归元

起身，左脚向前迈步成开步站立；同时，两手翻掌心向上，举至胸前。（图 6-86）

两手翻掌向下，指尖相对，按至小腹前。（图 6-87）

两手还原至大腿两侧。（图 6-88）

▲ 图6-86

▲ 图6-87

▲ 图6-88

（二）扁担拳

1. 扁担拳动作名称

（1）起势
（2）虚步拦担
（3）右弓步劈担
（4）右虚步缠担
（5）右弓步戳担
（6）退步拦担
（7）右弓步扫担
（8）右虚步挑担
（9）右弓步戳担
（10）左弓步右扫担
（11）左弓步左扫担
（12）侧弓步下格挡
（13）上步盖担
（14）左弓步挑担
（15）转身上格挡
（16）上步挑担
（17）左弓步劈担
（18）闪步缠担
（19）右弓步戳担
（20）滑步架担
（21）右弓步扫担
（22）转身抡扫担
（23）侧弓步抡扫担
（24）闪步缠担
（25）右弓步戳担
（26）丁步下格挡
（27）马步左戳担
（28）马步右戳担
（29）转身撩担
（30）后跃步拨担
（31）上步盖担
（32）上步劈担
（33）退步拨担
（34）上步盖担
（35）进步撩担
（36）侧弓步压担
（37）侧弓步抡扫担
（38）转身轮扫担
（39）侧弓步轮扫担
（40）上步扫担
（41）进步扫担
（42）后转身扫担
（43）马步挑担
（44）马步戳担
（45）马步劈打
（46）转身劈担
（47）收势礼佛

2. 扁担拳动作图解

（1）起势

立正站立，左手持扁担中段，虎口向前，立贴于身体左侧，眼视前方，全身放松，精神饱满。（图 6-89）

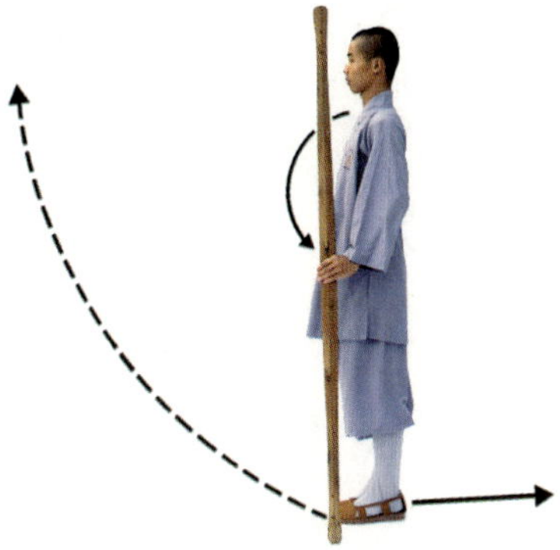

▲ 图 6-89

（2）虚步拦担

右脚后撤一步，身体略右转成左虚步；同时，右手握住扁担上段，虎口向上，拉回腰间，左手向上、向前、向右推，拦担于身体右侧。（图 6-90）

▲ 图 6-90

（3）右弓步劈担

右脚向前进一步，身体左转成右弓步；同时，右手后拉，左手松滑至扁担前段，随后，左手回拉至腰间，右手边松滑至扁担中段边向上、向前、向下压，使扁担下劈，担端与肩平。（图 6-91）

▲ 图 6-91

（4）右虚步缠担

重心后移，右脚略回收，脚尖着地成右虚步；同时，两手同时用力顺时针环绕一小圈，使扁担前段缠绕一周。（图 6-92）

▲ 图 6-92

（5）右弓步戳担

重心前移，右脚略向前进一小步成右弓步；同时，左手前推，右手松滑至扁担后段，使担端水平向前戳出，高与肩平。（图 6-93）

▲ 图 6-93

（6）退步拦担

右脚后退一步，成左虚步；同时，左手后拉，右手松滑至扁担前段，随后右手回拉至腰间，左手边向前、向右推送边松滑至扁担中段，使扁担斜拦在身体右侧。（图 6-94）

▲ 图 6-94

（7）右弓步扫担

右脚向前进步，身体左转成右弓步；同时，右手后拉，左手松滑至扁担前段，随后左手回拉至腰间，右手边向前、向下、向左推边松滑至扁担中段，使扁担扫向对方腿部。（图 6–95）

▲ 图 6–95

（8）右虚步挑担

重心后移，右脚略回收，脚尖着地成右虚步；同时，右手向上、左手向下用力，使扁担前端向上挑击，高与肩平。（图 6–96）

▲ 图 6–96

（9）右弓步戳担

与前一右弓步戳担动作说明相同。（图 6–97）

▲ 图 6–97

（10）左弓步右扫担

左脚上步，右转身成左弓步；同时，左手后拉，右手松滑至扁担前段，随后右手拉回腰间，左手边向前、向右推边滑向扁担中段，使扁担前段向前、向右水平扫打，高与胸平。（图 6–98）

▲ 图 6–98

（11）左弓步左扫担

步型不变，右手后拉，左手松滑至扁担前段，随后左手拉至腰间，右手边向前、向左推边滑向扁担中段，使扁担向左水平扫打，高与肩平。（图 6–99）

▲ 图 6–99

（12）侧弓步下格挡

左脚向左横跨一小步，重心略后移成左侧弓步；同时，右手向右斜下拉，左手向斜上推，使扁担前段向下、向右格挡。（图 6–100）

▲ 图 6–100

(13) 上步盖担

左脚上步，身体右转成左弓步；同时，左手上拉，右手松滑至扁担下段，随后右手拉回腰间，左手边向上、向前、向下压边松滑至扁担中段，使扁担前段向下盖打。（图 6-101）

▲ 图6-101

(14) 左弓步挑担

步型不变，右手下拉，左手松滑至扁担后段，随后左手拉至腰间，右手边向前、向上推边松滑至扁担中段，使扁担前段向前、向上挑打，高与肩平。（图 6-102）

▲ 图6-102

(15) 转身上格挡

向右转身 180° ，重心略后移，右脚略回收成右虚步；同时，右手向后回拉，使扁担斜立身前，扁担前段向右格挡。（图 6-103）

▲ 图6-103

（16）上步挑担

左脚上步，右转身成左弓步；同时，左手下拉，右手松滑至扁担上段，随后右手回拉至右肩前，左手边向前、向上推边滑至扁担中段，使扁担前段上挑，高与胸平。（图 6-104）

▲ 图6-104

（17）左弓步劈担

步型不变，右手上拉，左手松滑至扁担下段，随后左手拉回腰间，右手边向上、向前、向下推边滑至扁担中段，使扁担前段向下劈打。（图 6-105）

▲ 图6-105

（18）闪步缠担

左脚向左横跨一小步，右脚进步至左脚前成右虚步；同时，左右手逆时针方向用力一小圈，使扁担前段缠绕一圈。（图 6-106）

▲ 图6-106

（19）右弓步戳担

右脚前进一小步成右弓步；同时，左手前推，右手松滑至扁担后段，使扁担前端水平向前戳出。（图 6-107）

▲ 图6-107

（20）滑步架担

右脚前进一小步，左脚跟进一小步保持右弓步；同时，左手后拉，右手松滑至扁担中段，随后左手前推、右手后拉，两手一起向上架担。（图 6-108）

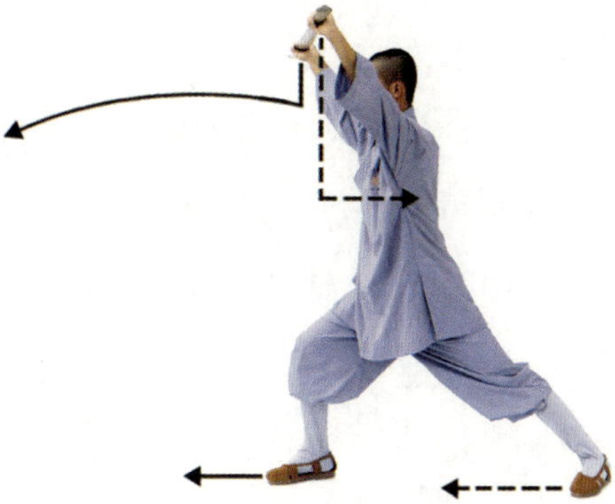

▲ 图6-108

（21）右弓步扫担

右脚前进一小步，左脚跟进一小步保持右弓步；同时，左手下拉至左肩前，右手向前、向左推，使扁担前段向前、向左水平横扫，高与肩平。（图 6-109）

▲ 图6-109

（22）转身抡扫担

左脚向前进步，落于右脚前，随即向右转身 270° ；同时，右腿提膝成左独立步；两手上举扁担，使扁担前段在头顶上方顺时针平扫一圈后，再于身前顺时针划立圆半圈后，斜停于身体右侧。（图 6–110）

▲ 图6-110

（23）侧弓步抡扫担

右脚落地，左脚向左横跨一步成左侧弓步；同时，两手使扁担前段在身前顺时针划立圆一圈后再向前、向左平扫，高与腰平。（图 6–111）

▲ 图6-111

（24）闪步缠担

与前一闪步缠担动作说明相同，唯方向相反。（图 6–112）

▲ 图6-112

（25）右弓步戳担

与前一右弓步戳担动作说明相同，唯方向相反。（图 6-113）

▲ 图6-113

（26）丁步下格挡

左脚进步，落于右脚内侧；同时向右转身 90° 成左丁字步，左手后拉，右手松滑至扁担前段，随后右手向下、向右、向上拉至右肩上方，左手边松滑至扁担中段边向上、向前、向右、向下、向左，使扁担下段向左格挡。（图 6-114）

▲ 图6-114

（27）马步左戳担

左脚向左横跨一步成马步；同时，左手上托至左肩前，右手下拉至右肩前，随后右手向左推，左手松滑至扁担中段，使扁担前端向左水平戳出。（图 6-115）

▲ 图6-115

（28）马步右戳担

右脚向右横跨一小步，左脚跟进一小步；同时，右手右拉，左手松滑至扁担后段，随后左手右推，右手松滑至扁担中段，使扁担向右水平戳出。（图 6–116）

▲ 图6–116

（29）转身撩担

右脚向左进步，向左转身 180° 成右弓步；同时，左手拉至腰间，右手向左、向前、向上推，使扁担前段向前、向上撩击，高与腰平。（图 6–117）

▲ 图6–117

（30）后跃步拨担

右脚接膝抬腿经左脚前向后摆，左脚蹬地跃起双脚离地；同时，两手使扁担前段向右、向左、向右拨挡。（图 6–118）

右脚落地，随后左脚落地成左侧弓步；同时，扁担下格挡。（图 6–119）

▲ 图6–118

▲ 图6–119

（31）上步盖担

左脚向右进步，向右转身成左弓步；同时，左手后拉，右手松滑至扁担前段，随后右手拉回腰间，左手边向上、向前、向下推压边松滑至扁担中段，使扁担向下盖劈，高与肩平。（图 6-120）

▲ 图6-120

（32）上步劈担

右脚上步，向左转身 180° 成右弓步；同时，右手后拉，左手松滑至扁担前段，随后左手拉回腰间，右手边向上、向前、向下推边松滑至扁担中段，使扁担前段向下劈打，高与肩平。（图 6-121）

▲ 图6-121

（33）退步拨担

右脚经左脚前向后上步成插步；同时，左手下压，右手向上、向左推，使扁担前段在上方向左拨挡。（图 6-122）

左脚向左迈步成左侧弓步；同时，左手上提左推至右肩前，右手向下、向右拉，使扁担下段向右格挡。（图 6-123）

▲ 图6-122

▲ 图6-123

（34）上步盖担

与前一上步盖担动作说明相同。（图 6-124）

▲ 图6-124

（35）进步撩担

右脚上步；同时，左手滑把到扁担前端并收至腰间，右手松滑至扁担中段，向上撩击。（图 6-125）

▲ 图6-125

（36）侧弓步压担

右脚向右横跨一步成右侧弓步；同时，左手后拉，右手松滑至扁担前段，随后右手拉至腰间，左手边松滑边向上、向前、向右、向下推压，使扁担前段在体前向右拨挡再向下盖压，高与膝平。（图 6-126）

▲ 图6-126

（37）侧弓步抡扫担

重心移至左脚，右脚提起收回后在左脚旁落下，左脚再向左横跨一步，成左侧弓步；同时，右手右拉，左手松滑至扁担前段，随后右手边松滑边推拉至扁担中段，两手使扁担前段在头顶上方平扫一圈后向下、向左横扫，高与肩平。（图 6–127）

▲ 图6–127

（38）转身轮扫担

左脚向右横跨一步，落在右脚前，向右转身 180°，右脚提起成左独立步；同时，两手一起用力使扁担前段在头顶上方平扫一圈，随后右手提拉，左手下压，使扁担斜挑于身体右侧。（图 6–128）

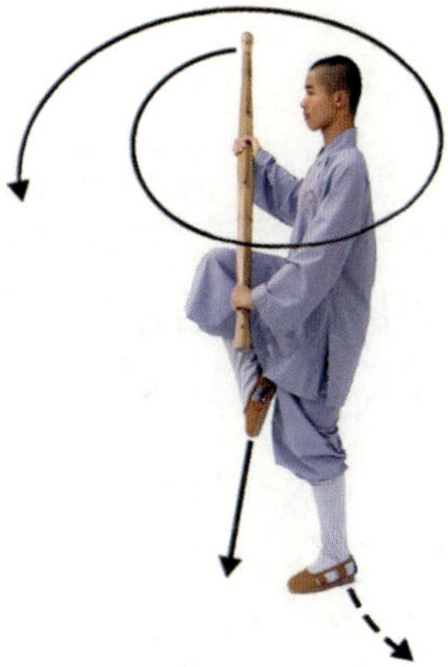

▲ 图6–128

（39）侧弓步轮扫担

右脚落地，左脚向左横跨一步成左侧弓步；同时，两手推拉使扁担前段在头顶上方平扫一圈后向下、向左横扫，高与肩平。（图 6–129）

▲ 图6–129

（40）上步扫担

左脚前进一步，向右转身90° 成左弓步；同时，左手后拉，右手松滑至扁担后段，随后右手拉至腰间，左手边松滑至扁担中段边向前、向右推，使扁担前段向右横扫，高与腰平。（图 6–130）

▲ 图6–130

（41）进步扫担

右脚前进一步，向左转身180° 成右弓步；同时，右手后拉，左手松滑至扁担后段，随后左手拉至腰间，右手向前、向左推，使扁担前段向左横扫，高与腰平。（图 6–131）

▲ 图6–131

（42）后转身扫担

右脚后撤一步，向右转身180° 成右弓步；同时，两手使扁担前段在头顶上方平扫一圈，随后左手使扁担后段置于右腋下，右手向右拉，使扁担前段向右横扫，高与肩平。（图 6–132）

▲ 图6–132

（43）马步挑担

左脚前进一步，向右转身 180° 成马步；同时，左手下拉，右手松滑至扁担后段，左手边向下、向前、向上推边松滑至扁担中段，使扁担前段向上挑击。（图 6-133）

▲ 图6-133

（44）马步戳担

左脚向前略进一小步，右脚跟进一小步保持马步；同时，右手前推，左手略后滑，使扁担前段向前水平戳出。（图 6-134）

▲ 图6-134

（45）马步劈打

两脚同时蹬地跳起，在空中换脚，右脚在前，左脚在后，随后同时落地成马步；同时，右手后拉，左手松滑至扁担后段，随后左手拉至腰间，右手边向上、向前、向下推压边松滑至扁担中段，使扁担前段向下劈打。（图 6-135）

▲ 图6-135

（46）转身劈担

右脚向左进步，向左转身180° 成右弓步；同时，左手拉至腰间，右手随转身向上、向前、向下推压，使扁担前段向下劈打，高与肩平。（图 6-136）

▲ 图6-136

（47）收势礼佛

左脚收至右脚旁，并步立正；同时，左手向上、向前、向下推压，右手向下、向后、向上拉回，使扁担前段向下、向后、向上立担于身体右侧，随后左手立掌于胸前。（图 6-137）

▲ 图6-137

（三）韦驮棍法

1. 韦驮棍法动作名称

（1）立掌礼佛
（2）虚步捧棍
（3）后转身扫棍
（4）马步挑棍
（5）进步戳棍
（6）腾空劈棍
（7）下格上挑
（8）右弓步戳棍
（9）后转身劈棍
（10）左弓步劈棍
（11）独立劈棍
（12）马步挑棍
（13）戳地挑棍
（14）跪地左点棍
（15）马步右点棍
（16）跪步左低扫
（17）跪步右低扫
（18）上挑戳棍
（19）下格戳棍
（20）左弓步扫棍
（21）独立劈棍
（22）插步戳棍
（23）左虚步藏棍
（24）里合腿撩棍
（25）右弓步戳棍
（26）下格戳棍
（27）架棍蹬腿
（28）拍地挑棍
（29）进步戳棍
（30）右弓步扫棍
（31）插步点棍
（32）左弓步点棍
（33）独立后戳
（34）侧弓步压棍
（35）右弓步扫棍
（36）左虚步藏棍
（37）弓步撩棍
（38）撩棍蹬腿
（39）右弓步戳棍
（40）左独立左戳棍
（41）右独立右戳棍
（42）后转身扫棍
（43）进步挑棍
（44）进步戳棍
（45）左虚步藏棍
（46）收势

2. 韦驮棍法动作图解

（1）立掌礼佛

立正站立，右手握棍中段，虎口向上，竖棍立于地上，左手立掌于胸前成礼佛状，目视前方，精神集中。（图 6–138）

▲ 图6–138

（2）虚步捧棍

右震脚再提起用足弓向前踢棍下端，左手掌心向上、虎口向前握棍推棍至水平，左手向右、右手向前使棍顺时针旋转半周；随后，左手握棍前推，右手向后松滑，使棍前移；随后，左手换握棍中段，掌心向右，虎口向上，使棍在右肩上呈水平。（图 6–139）

▲ 图6–139

（3）后转身扫棍

以左脚为轴，身体右转一周，右脚环绕至左脚前成右弓步；同时，右手托棍至头顶上，左手换握棍后端，两手用力使棍前端在头顶上顺时针转一周，棍后端置于右腋下。（图 6-140）

▲ 图6-140

（4）马步挑棍

左脚上步，身体右转成马步；同时，左手下拉，右手松滑至棍前端，随后，右手下压，左手边上托边后滑至棍中段，使棍后端向下、向前、向上挑起，高与肩平。（图 6-141）

▲ 图6-141

（5）进步戳棍

左脚前进一小步，右脚随进一小步仍成马步；同时，右手前推，左手松滑略后移，使棍前端水平戳出。（图 6-142）

▲ 图6-142

（6）腾空劈棍

右手后拉棍，左手松滑至棍前端，随后，两脚同时蹬地跳起后空中换脚，身体左转；同时，左手下拉，右手边上推边松滑至棍中段，使棍举起竖直。（图 6–143）

两脚落地成马步；同时，左手上拉，右手下压，使棍后端向前、向下劈，高与肩平。（图 6–144）

▲ 图6–143

▲ 图6–144

（7）下格上挑

重心后移，成左侧弓步；同时，左手上提，右手下压，使棍前端向下、向右格挡。（图 6–145）

重心略前移成马步；同时，左手下压，右手翻掌心向上托，使棍前端向上、向前挑击，高与肩平。（图 6–146）

▲ 图6–145

▲ 图6–146

（8）右弓步戳棍

重心前移，成右弓步；同时，两手一起向前推，使棍前端向前水平戳出，高与肩平。（图 6-147）

▲ 图6-147

（9）后转身劈棍

以左脚为轴，身体左转 180° ，右脚向前迈步成右弓步；同时，两手一起使棍前端向上、向左、向下劈，高与肩平。（图 6-148）

▲ 图6-148

（10）左弓步劈棍

左脚上步，身体右转成左弓步；同时，左手后拉，右手松滑至棍前端，随后，右手后拉，左手边前推下压边松滑至棍中段，使棍后端向前、向下劈，高与肩平。（图 6-149）

▲ 图6-149

(11) **独立劈棍**

重心后移至右脚,左脚提起成右独立步;同时,右手后拉,左手松滑至棍前端,随后,左手后拉,棍前端向下、向右划弧置于右腋下,右手边前推下压边松滑至棍中段,使棍后端向前、向下劈,高与肩平。(图 6-150)

▲ 图6-150

(12) **马步挑棍**

左脚向前落步,身体略右转成马步;同时,左手下拉,右手松滑至棍前端,随后,右手后拉,左手边前推上托边松滑至棍中段,使棍后端向前、向上挑起,高与肩平。(图 6-151)

▲ 图6-151

（13）戳地挑棍

步型不变，左手后拉，右手前推，使棍身竖直，左手离棍一横臂，随后，右手使棍下端向下戳击地面。（图 6–152）

身体右转，右脚用足弓向左、向上把棍下端踢起，随后，身体左转 180°，右脚逆时针划弧，经左脚前向左落步成马步，左手接棍后下压，右手边上托边松滑至棍中段，使棍下端向上挑起，高与肩平。（图 6–153）

▲ 图6–152

▲ 图6–153

（14）跪地左点棍

右脚向左横跨一小步，重心下降成跪步；同时，两手交错用力，使棍前端向上、向左、向下点击地面。（图 6–154）

▲ 图6–154

（15）马步右点棍

右脚向右横跨一小步成马步；同时，两手交错用力，使棍前端向上、向右、向下划弧点击地面。（图 6-155）

▲ 图6-155

（16）跪步左低扫

右脚向左前横跨一小步成跪步；同时，两手交错用力，使棍前端向上、向左、向下、向右划弧扫击。（图 6-156）

▲ 图6-156

（17）跪步右低扫

右脚略进一小步，左脚随进一小步；同时，两手交错用力，使棍前端向上、向右、向下、向左划弧低扫。（图 6-157）

▲ 图6-157

（18）上挑戳棍

两腿站起成双弓步；同时，左手下压，右手上托，使棍前端向上挑起，高与肩平。（图 6–158）

右脚前进一小步，左脚随进一小步成右弓步；同时，两手一起用力前推，使棍前端向前水平戳出，高与肩平。（图 6–159）

▲ 图6–158

▲ 图6–159

（19）下格戳棍

重心移至左脚，右脚提起成左独立步；同时，左手上提，右手推拉，使棍前端向左、向下、向右划弧格挡。（图 6–160）

右脚向前落地成右弓步；同时，右手上托，左手下压，使棍身水平，随后，两手用力前推，使棍前端向前水平戳出。（图 6–161）

▲ 图6–160

▲ 图6–161

（20）左弓步扫棍

左脚前进一步，身体右转成左弓步；同时，左手后拉，右手松滑至棍前端，随后，右手后拉，左手边前推边松滑至棍中段，使棍后端向左、向前、向右划弧平扫，高与肩平。（图 6–162）

▲ 图6–162

（21）独立劈棍

重心移至右脚，左脚提起成右独立步；同时，右手后拉，左手松滑至棍前端，随后，左手后拉，棍前端向下、向后划弧置于右腋下，右手边前推下压边松滑至棍中段，使棍后端向前、向下劈，高与肩平。（图 6–163）

▲ 图6–163

（22）插步戳棍

左脚向前落地，向右转身，右脚经左脚向后插步；同时，左手下拉，右手松滑至棍前端，随后，右手前推，左手松滑至棍中段，使棍后端向上、向前戳出。（图 6–164）

▲ 图6–164

（23）左虚步藏棍

右脚回撤一步，重心移至右脚成左虚步；同时，右手后拉，左手松滑至棍前端，随后，左手后拉，右手边前推边松滑至棍中段，使棍前端向下、向后、向上划弧，使棍身藏于身后，左手离棍立掌前推。（图 6-165）

▲ 图6-165

（24）里合腿撩棍

重心移至左脚，向左转身约 180°，右脚逆时针提腿旋转里合腿。（图 6-166）

右脚落地，左脚提起，身体略左转成右独立步；同时，右手前推，左手接棍，两手向上、向前用力，使棍下端向前、向上撩出，高与肩平。（图 6-167）

▲ 图6-166

▲ 图6-167

（25）右弓步戳棍

左脚落地后，右脚向右前进一步成右弓步；同时，两手一起前推，使棍前端向前水平戳出。（图 6-168）

▲ 图6-168

（26）下格戳棍

重心移至右脚，身体右转 180° ，左脚向前、向上提起成右独立步；同时，左手后拉，右手松滑至棍前端，随后，右手后拉，左手边前推边松滑至棍中段，使棍后端向上、向前、向右、向下、向左划弧格挡。（图 6-169）

左脚向前落地成左弓步；同时，右手下压，左手上托，使棍水平，随后，两手一起用力前推，使棍前端向前水平戳出。（图 6-170）

▲ 图6-169

▲ 图6-170

（27）架棍蹬腿

左手后拉，右手前推，使棍横于身前，随后，右手换虎口向左，两手一起用力向上托起架棍；同时，重心移至左脚，右腿提起向前蹬出，高与腹平。（图 6–171）

▲ 图6–171

（28）拍地挑棍

右脚落地下蹲，身体右转，左脚前伸成右仆步；同时，两手交错用力抡棍，使棍前端在身体右侧顺时针环绕一周后，棍身平拍地面，发出响声。（图 6–172）

右脚蹬地站起，重心前移成左弓步；同时，左手上托右手下压，使棍前端向上挑起，高与肩平。（图 6–173）

▲ 图6–172

▲ 图6–173

（29）进步戳棍

左脚前进一小步，右脚随进一小步成左弓步；同时，两手提起后一起用力向前推，使棍前端向前水平戳出。（图 6–174）

▲ 图6–174

（30）右弓步扫棍

右脚前进一步，身体左转成右弓步；同时，右手后拉，左手松滑至棍前端，随后，左手后拉，右手边前推边松滑至棍中段。（图 6–175）

▲ 图6–175

（31）插步点棍

右脚经左脚前向左插步；同时，左手后拉，右手松滑至棍前端，随后，右手后拉，左手边前推下压边松滑至棍中段，使棍后端向前、向下划弧点击地面。（图 6–176）

▲ 图6–176

（32）左弓步点棍

左脚向前进一步成左弓步；同时，两手交错用力，使棍前端向上、向前、向下划弧点击地面。（图 6-177）

▲ 图6-177

（33）独立后戳

重心移至左脚，右脚提起成左独立步；同时，右手后拉，左手松滑至棍前端，随后，左手后推，右手松滑至棍中段，使棍后端向后水平戳出，高与腹平。（图 6-178）

▲ 图6-178

（34）侧弓步压棍

右脚向右侧落地成左侧弓步；同时，左手上提，右手下压，使棍前端向前、向右、向下压击地面。（图 6-179）

▲ 图6-179

（35）右弓步扫棍

右脚前进一步，身体左转成右弓步；同时，左手右拉，右手左推，使棍前端向左平扫，高与胸平。（图 6-180）

▲ 图6-180

（36）左虚步藏棍

左脚向前进一步，身体右转一周，右脚后撤一步，重心移至右腿成左虚步；同时，左手后拉，右手松滑至棍前段，随后，左手离棍，右手抡棍，使棍前端在身前平扫一周后，立棍藏于身后，左手立掌前推。（图 6-181）

▲ 图6-181

（37）弓步撩棍

左脚略前进一小步成左弓步；同时，右手向前抡棍，左手接棍，两手一起用力上提，使棍前端向上、向前撩起，高于头。（图 6-182）

▲ 图6-182

（38）撩棍蹬腿

左手下拉、下压，右手松滑至棍中段，左手离棍，棍前端向上、向后划弧，随后，左手接棍，左手下压，右手上托，使棍前端向上撩起；同时，重心移至左腿，提右脚向上、向前蹬出。（图 6–183）

▲ 图6–183

（39）右弓步戳棍

右脚向前落步成右弓步；同时，两手一起用力前推，使棍前端向前水平戳出。（图 6–184）

▲ 图6–184

（40）左独立左戳棍

重心移至左脚，提右脚使脚背贴于左膝腘窝处；同时，左手后拉，右手松滑至棍后端，随后，右手前推，左手松滑至棍中段，使棍前端向左水平戳出。（图 6–185）

▲ 图6–185

（41）右独立右戳棍

右脚向右落地，重心移至右脚，提左脚使脚背贴于右膝腘窝处；同时，右手右拉，左手松滑至棍前端，随后，左手前推，右手松滑至棍中段，使棍前端向右水平戳出。（图 6–186）

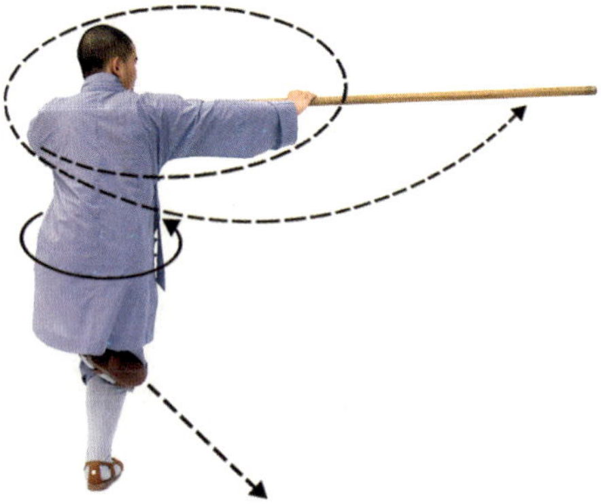

▲ 图6–186

（42）后转身扫棍

身体向左转 180°，左脚向前落地成左弓步；同时，左手左拉，右手松滑至棍后端，随后，右手推拉，左手边推拉边松滑至棍中段，使棍在头顶上方逆时针环绕一周后向左平扫，棍后端位于左腋下。（图 6–187）

▲ 图6–187

（43）进步挑棍

右脚前进一步，身体左转成马步；同时，右手下拉，左手松滑至棍前端，随后，左手下压，右手边上托边松滑至棍中段，使棍前端向前、向上挑起，高于肩。（图 6-188）

▲ 图6-188

（44）进步戳棍

右脚前进一小步，左脚随进一小步成右弓步；同时，两手一起前推，使棍前端向前水平戳出，高与肩平。（图 6-189）

▲ 图6-189

（45）左虚步藏棍

左脚向前进一步，身体向右转一周，右脚后撤一步成左虚步；同时，左手后拉，右手松滑至棍前段，随后，左手离棍，右手抡棍，使棍在头顶上方环绕一周后，立棍藏于身后，左手立掌前推。（图 6-190）

▲ 图6-190

（46）收势

左脚回收右脚旁，并步成立正姿势；同时，右手使棍上端在身体右侧顺时针环绕一周后，竖棍立于体前右侧，左掌下落至左腿旁。（图 6-191）

左手立掌于胸前，静心礼佛。（图 6-192）

▲ 图6-191

▲ 图6-192

后记

莆阳大地，人杰地灵，自“开莆来学”以来，莆田社会民众受到了以儒家为代表的中原文化的教化，但仍属于蛮夷之地，和中原文化有着一定的时间差序。历史上几次南迁，中原文化夹杂着军旅文化的“武”文化一并传入莆阳。先民们不但文教科举成风，习武的风气也异常浓厚，并和本土人的体质习俗相结合，在当地顽强地生根发芽。

值得一提的是，清中期以来，南少林这一民间组织，演绎和发展出具有广泛群众基础的“南少林武术”文化，致使莆田民间武术得以空前发展。“文革”期间，传统武术受到不同程度的打击，一些传统武术技艺和拳谱遗失殆尽。但传统的荣耀仍驱使民众前仆后继，习武逐渐转入到地下，习武者在民间仍享有较高的社会地位。改革开放后，特别是电影《少林寺》的播映，习武热潮席卷全国大地，民间武风空前旺盛，传统武术得到了空前的发展。

近20年来，由于西方文化的入侵，使代表着东方文化的传统武术受到巨大的挑战。传统武术成为老一代人的情结，新一代的年轻人对其的认同程度严重下降，许多优秀的传统武术面临着生存危机。

课题组在调查过程中，明显能感觉到传统武术的传承面临着断代的尴尬局面。武术在民间逐渐失去了群众基础，竞技武术和传统武术明显出现了断层。尽管政府有关部门试图通过各种活动来推动传统武术的发展，但仍无法挽救传统武术的颓势。每次表演活动，传统武术的习练者均为一些“爷爷级”的老人，难得有年轻人的身影。传统武术，是不是已经成为一种记忆了？

调查过程中发现，一些过去有着一定名望的老拳师，有的仍固执地坚持着传统的观念，不是本门派的弟子不肯以技艺示人；有的甚至带点迷信色彩，坚信着不切实际的传说，这给调查工作带来了不小的难度。本课题组调查历时两年多时间，历程艰辛，但仍能在各位热心传统武术前辈的大力支持下不违所愿，把最为原汁原味的南少林传统武术用音影、文字的形式记录下来，并把这次传统武术套路回传莆田南少林寺，完成了一件功德事。

值得一提的是，本书在调查过程中得到了韦驮拳老拳师王金海、吴炳回、翁国富、郑瑞凿、李良彪等师傅的大力支持，他们不辞辛劳，多次反复进行影像拍摄，并不计报酬上山教拳，把平生所学毫无保留地回传莆田南少林僧众。摄影师郭德锋师傅，为书稿摄影、摄像及后期的动作线路标注，工作量巨大，花费了大量的精力和多少个不眠之夜，创造性地完成了既定的任务。

初稿有许多不尽人意的地方，但恐怀璧其罪，仍不揣浅陋，以飨读者，期望得到广大读者的指正！